MAISON de la CHINE

Editor   Édité par
Yung Ho Chang

Architects of this project: A collaboration between Atelier Feichang Jianzhu (FCJZ) from China and Coldefy from France.

Architectes de ce projet: une collaboration entre l'atelier Feichang Jianzhu (FCJZ) de Chine et Coldefy de France.

PARK BOOKS

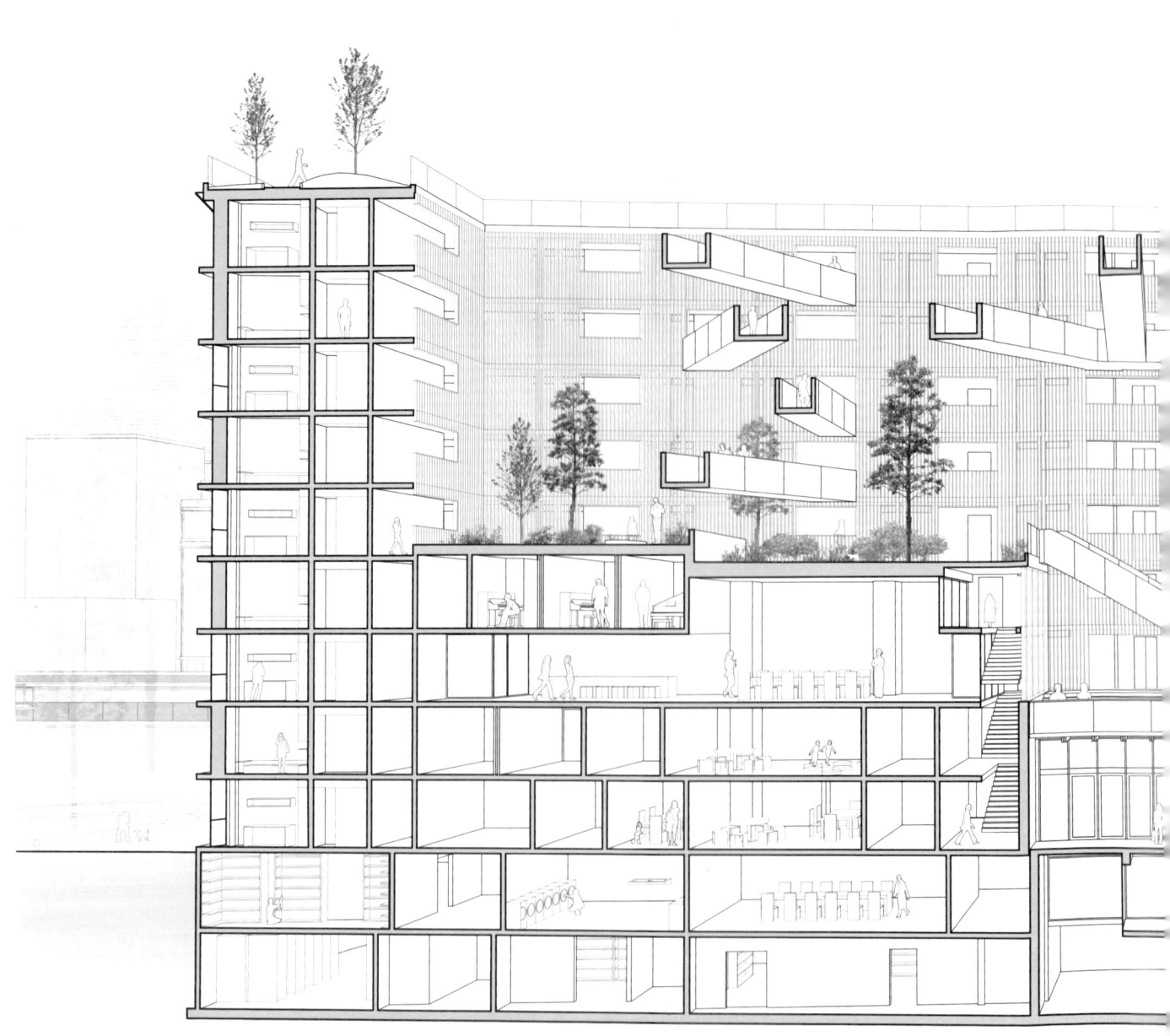

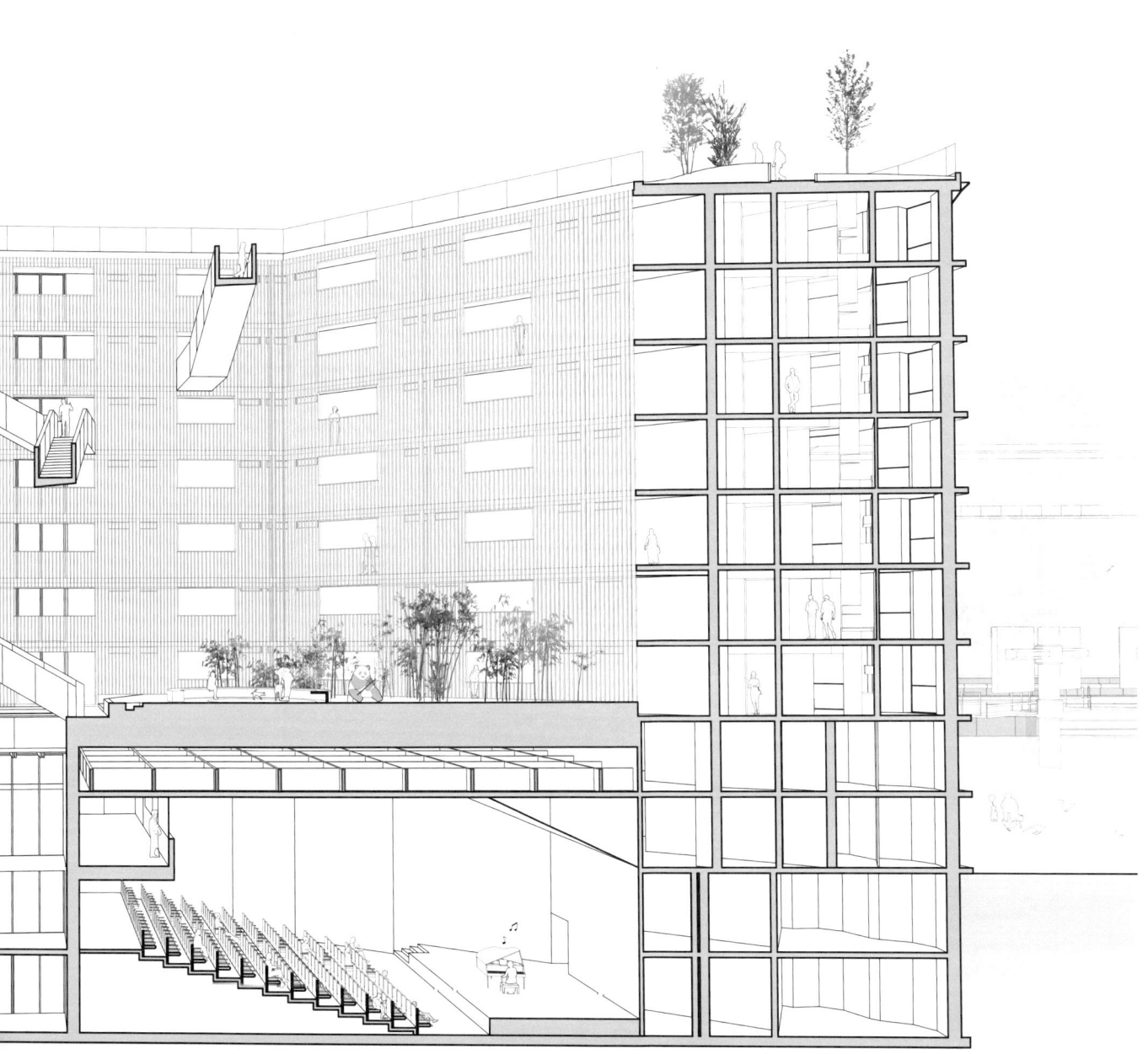

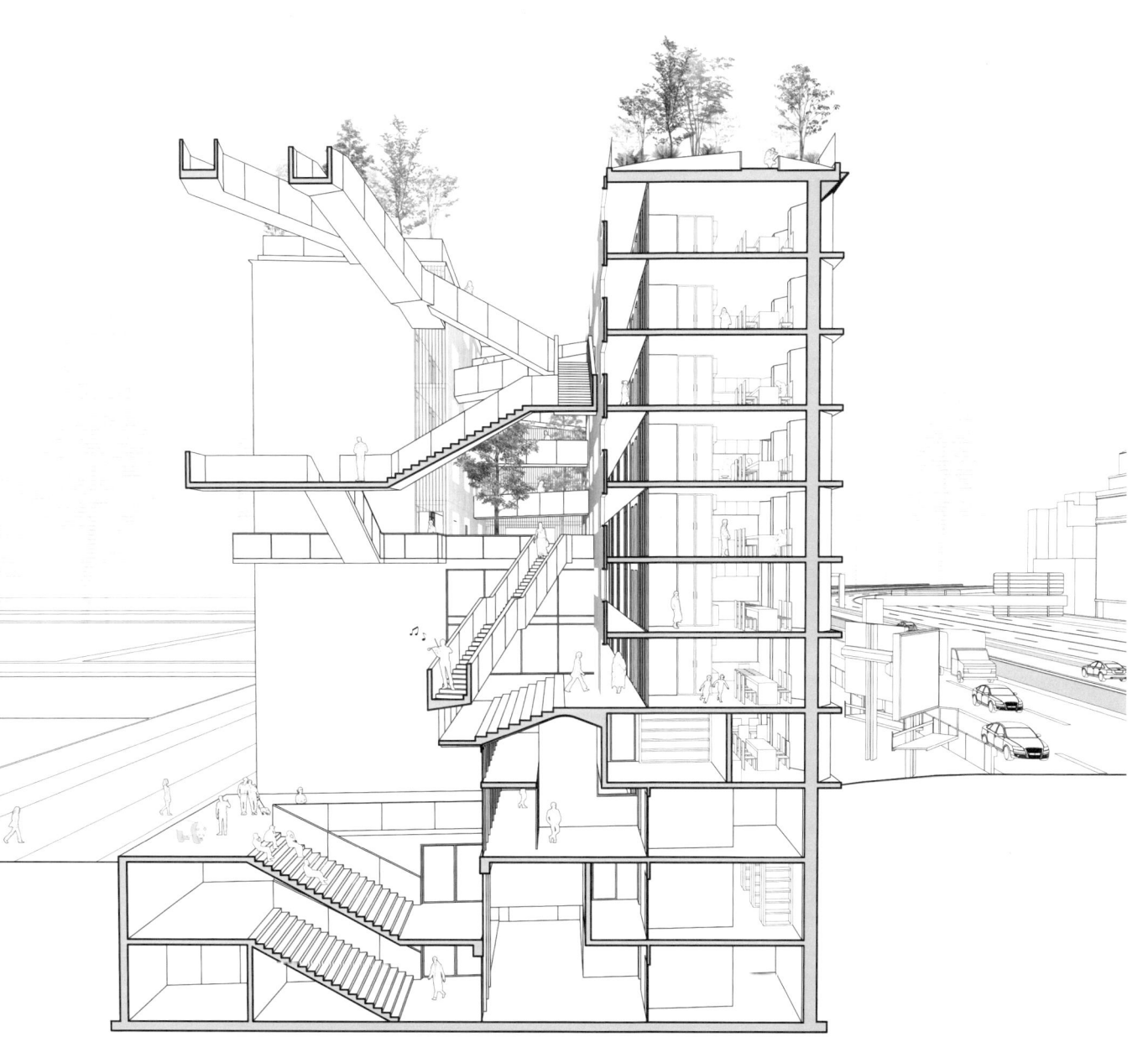

CONTENTS   SOMMAIRE

02   A First and a Last   Une première et une dernière
     Martino Stierli   Martino Stierli

10   Bonds and Breaches in the   Assemblages et brèches dans le
     Garden of Peace and Harmony   Jardin de la paix et de l'harmonie
     Ariel Genadt   Ariel Genadt

32   Maison de la Chine   Maison de la Chine
     Yung Ho Chang   Yung Ho Chang

82   The Design Evolution of the   La Maison de la Chine, évolution
     Maison de la Chine   d'un concept
     Yishi Cheng   Yishi Cheng

52   Drawings   Plans

100 Diagrams & Photographs   Croquis & Photographies

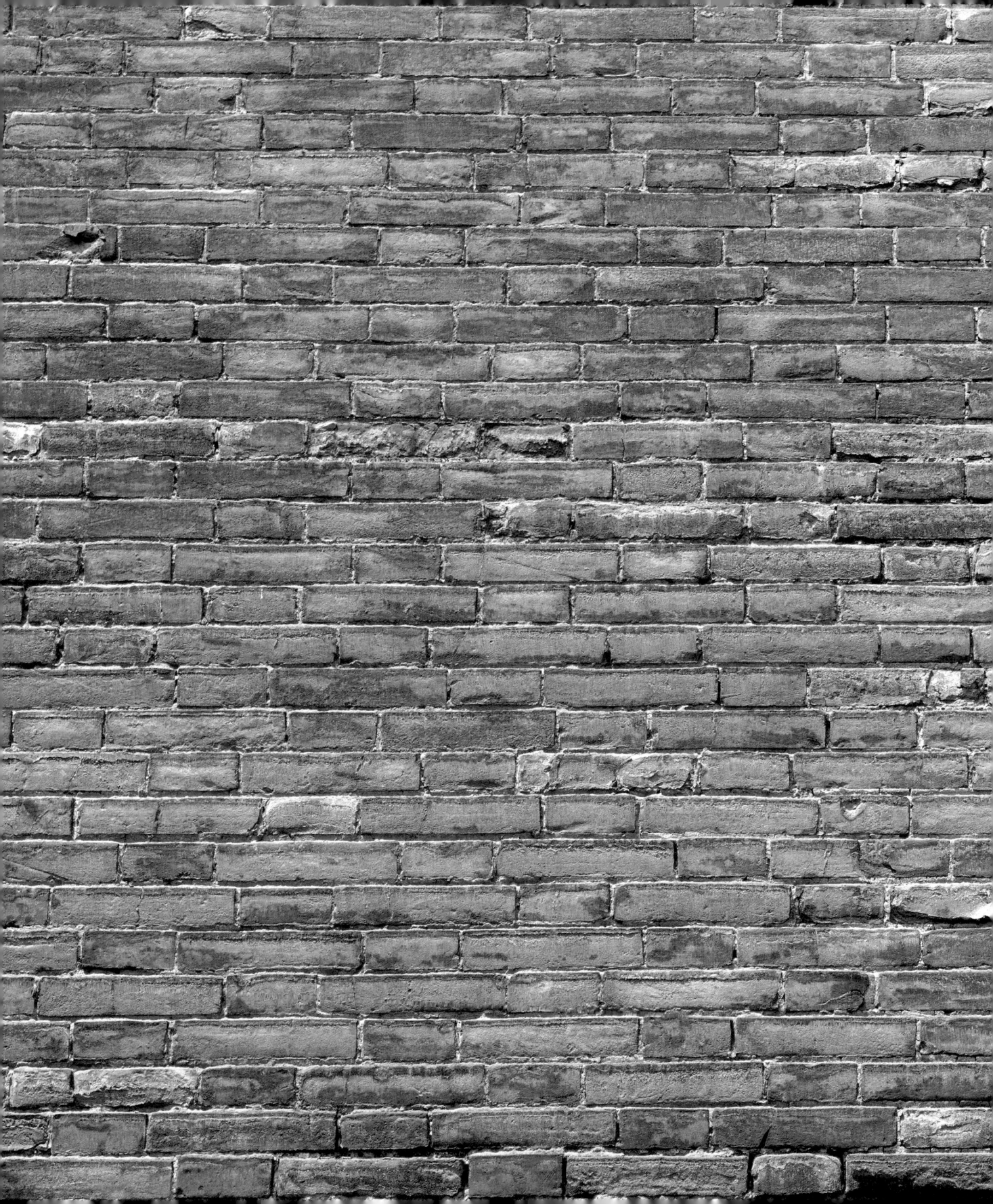

A First and a Last

Une première et une dernière

Martino Stierli

The Philip Johnson Chief Curator of
Architecture and Design
The Museum of Modern Art (MoMA)
in New York

Martino Stierli

Philip Johnson Chief Curator of
Architecture and Design
The Museum of Modern Art (MoMA)
in New York

La Maison de la Chine est à la fois une première et une dernière : c'est le premier bâtiment institutionnel réalisé par un cabinet d'architecture chinois à l'étranger, mais c'est la plus récente (et peut-être la dernière) maison ajoutée aux maisons internationales sur le campus de la Cité internationale universitaire, tout au sud de Paris, pour loger les étudiants du monde entier. L'entrée tardive mais déterminée de la Chine dans cette communauté de nations fait écho à celle, non moins audacieuse, de l'architecture chinoise contemporaine sur la scène internationale depuis une vingtaine d'années – à travers une succession de réalisations, elles aussi tardives, mais d'autant plus retentissantes. Atelier FCJZ et ses dirigeants Yung Ho Chang et Lijia Lu ont joué un rôle essentiel dans ce processus de grande envergure: leur Maison de la Chine en incarne à la fois l'apogée et la conclusion logique.

La Cité internationale universitaire a vu le jour à la suite de la Première Guerre mondiale, fondée par un groupe d'intellectuels français dans le but explicite de contribuer à la paix par la compréhension des cultures de différentes nations, pour l'essentiel européennes.

The Maison de la Chine is both a first and a last: it is the first institutional building by a contemporary Chinese architecture practice completed overseas, and it is the latest (and possibly last) addition to the collection of national "houses" on the campus of the Cité internationale universitaire at the southern edge of Paris designed to accommodate international students. China's belated yet assertive entry into this community of nations echoes the bold arrival of contemporary Chinese architecture on a global stage over the past two decades, which likewise unfolded in a belated but all the more fulminant chain of events. Atelier FCJZ and its principals Yung Ho Chang and Lijia Lu played a key part in this larger process, and their Maison de la Chine signifies both its culmination and its logical conclusion.

The Cité internationale universitaire was founded in the aftermath of World War I by a group of French intellectuals with the explicit aim of fostering peace, through cultural understanding, among primarily European nations. In spirit very much related to the League of Nations, in its initial decades the Cité represented the colonial world order of its time, which at first left many nations and peoples unrepresented. While an early unexecuted project for a house for Chinese students and culture dates back to the late 1920s, it took more than eighty years for such a vision to be finally realized—and for China to enter into this "permanent exposition" of architecture. The Cité's campus was from the beginning conceived as something of an architectural fairground, not unlike perhaps the Giardini of the Venice Biennale, where a few select nations were represented by their own pavilions, many of them expressing the cultural values and traditions of their originating country through architectural form and ornament. As in the case of the Giardini, the architectural merits of this assembly in Paris developed unevenly, with many national houses aligning themselves with national romanticism or other forms of cultural conservatism. A select number of the Cité's national houses, however, stood out from the beginning by embodying a progressive notion of nationhood and architecture for the modern age. Among them the Collège néerlandais by Willem Marinus Dudok (built in 1928-38), the Maison du Brésil by Le Corbusier and Lucio Costa (1959), and, perhaps most importantly, the Pavillon suisse, also by Le Corbusier (1933), stand out. With its embrace of a contemporary architectural language, Atelier FCJZ's Maison de la Chine unequivocally positions itself within this progressive lineage of architecture expressing novel principles of its time, while at the same time metabolizing aspects of the rich tradition of construction in China.

The Maison de la Chine is situated on a narrow site of a former racetrack at the southwestern edge of the campus of the Cité and directly adjacent to Paris's Boulevard péripherique, which circumnavigates the center of the city at the place of the former fortifications. This placement bestows the project with an evocative, liminal location. The multifunctional complex was designed as a facility for 300 mainly single-occupancy dormitories (with a few family units in the corners of each of the eight floors) as well as a number of communal spaces (such as meeting and party rooms and shared kitchens on every floor) plus a 500-seat auditorium for concerts and other cultural activities. Originally conceptualized as a "village" made up of individual pavilions, the final design is a hybrid typology: it combines the single-corridor typology of Le Corbusier's

Dans un esprit très proche de celui de la Société des Nations à ses débuts, la Cité incarne alors l'ordre du monde colonial de son époque et laisse de côté un grand nombre de nations et de peuples non représentés. Ainsi, un premier projet, jamais réalisé, d'une maison destinée aux étudiants chinois remonte à la fin des années 1920 et il faudra plus de quatre-vingt ans pour voir cette vision se réaliser et la Chine participer à cette « exposition permanente » d'architecture. Car le campus de la Cité a été conçu dès le départ comme une sorte de champ de foire architectural, peut-être comparable aux Giardini de la Biennale de Venise où quelques nations sélectionnées sont représentées par leurs pavillons, dont beaucoup incarnent les valeurs et les traditions culturelles de leur pays à travers l'architecture et l'ornementation. Comme aux Giardini, les mérites architecturaux des maisons rassemblées à Paris sont inégaux, bon nombre d'entre elles se conforment simplement à un certain romantisme national ou à d'autres formes de conservatisme culturel. Un échantillon choisi des maisons nationales s'est cependant distingué des autres depuis le début par une vision progressiste de la nation et de l'architecture pour une époque moderne. C'est le cas notamment du Collège néerlandais de Willem Marinus Dudok (construit dans 1928-1938), de la Maison du Brésil par Le Corbusier et Lucio Costa (1959) et, peut-être plus encore, du Pavillon suisse, également réalisé par Le Corbusier (1933). En adoptant un langage architectural contemporain, la Maison de la Chine d'Atelier FCJZ se positionne délibérément sur cette ligne architecturale qui exprime les principes les plus actuels de son temps tout en assimilant et transformant certains aspects de la riche tradition chinoise de construction.

La Maison de la Chine occupe une parcelle étroite d'un ancien champ de courses, à l'extrémité sud-ouest du campus de la Cité, adjacente au Boulevard périphérique qui ceinture la ville à l'emplacement des anciennes fortifications – une position à laquelle le projet doit sa nature liminaire et évocatrice. Le complexe multifonctions a été conçu pour abriter 300 chambres pour la plupart individuelles (avec quelques unités familiales aux angles de chacun des huit étages) et de nombreux espaces communs (salles de réunion et de fêtes ou cuisines collectives à chaque étage), ainsi qu'une salle de 500 places

Pavillon suisse with that of the enclosed courtyard house of traditional Chinese architecture, and specifically that of the circular tulou housing type of the Hakka people, which can be found across southern China (tulou meaning "earth building" to reference the rammed earth construction technique used for these buildings). The tulou typology has had a renaissance in contemporary Chinese architecture in recent years, most prominently in the 2008 Tulou Collective Housing in Guangdong by Liu Xiaodu and Meng Yan of Urbanus, and Atelier FCJZ's allusion to it adds to its ongoing relevance in the architectural imagination of contemporary China.

This double nod to the history of Western modern architecture (with the reference to the Pavillon suisse) on the one hand and traditional Chinese architecture on the other is characteristic of an entire generation of contemporary Chinese architects pioneered by Yung Ho Chang, Wang Shu, and a few others. Collectively, this generation of practitioners is in search of an architecture that unequivocally asserts its contemporariness and global visibility while at the same time being firmly grounded in China's unique cultural context and material culture. In comparison to the huge construction volume that has been realized over the past few decades in China, predominantly by state-run design institutes and generally following a conservative design ethos that relies on traditional architectural imagery and tropes such as the ubiquitous slated roofs with their prominent eaves, the output of this group of architects is rather modest in terms of quantity. However, their work very much dominates the intellectual discourse of contemporary architecture in China. Wang Mingxian and Jian Shi have observed that these architects "are not content with the extraction of traditional cultural details any more, but try to establish a new evaluation system under the condition of cultural exchange at present times, to seek and interpret an Eastern culture that can counterweigh the Western culture." As a matter of fact, as the authors concede, this quest for cultural hybridization lies at the very core of what during the mid-1990s became known in China as "experimental architecture." This phenomenon is characterized by an awareness of Western architecture theory and practice and its hybridization with Chinese architectural references and construction techniques. Its emergence coincided with the establishment of the first independent and privately owned architectural practices in China in the 1980s, a process in which the founding of Atelier FCJZ in 1993 after Yung Ho Chang's return to Beijing from the United States, proved particularly significant.

The cross-pollination of Western and Eastern approaches outlined here is evident in other aspects of the Maison de la Chine as well, the generous space of the publicly accessible roof garden perhaps being the most apparent instance. This outdoor amenity clearly references one of Le Corbusier's five points of modern architecture. At the same time, it extends the long tradition of the Chinese garden into the present and to its site in the French metropolis. In this sense, a visit to the rooftop garden is as much a Corbusian "promenade architecturale" as it incorporates the variegated experiences and visual impressions of ambulating through a traditional Chinese garden.

Meanwhile, the architects also challenge and complicate facile narratives of cultural hybridization: the exterior façade of the Maison

pour les concerts ou d'autres activités culturelles. Si le concept d'origine était un « village » composé de pavillons individuels, le résultat final présente une typologie hybride qui associe la structure à couloir unique du Pavillon suisse construit par Le Corbusier à celle des maisons à cours fermées de l'architecture chinoise traditionnelle, et plus particulièrement des habitats circulaires de type tulou des populations hakka qu'on trouve dans tout le Sud de la Chine (*tulou* signifie « construction en terre » et fait référence à la technique de construction en pisé utilisée). Le tulou a connu une renaissance dans l'architecture chinoise contemporaine des dernières années – l'exemple le plus connu en est le logement collectif construit en 2008 dans le Guangdong par Liu Xiaodu et Meng Yan d'Urbanus – et la métaphore d'Atelier FCJZ lui donne encore plus d'importance dans l'imaginaire architectural de la Chine actuelle.

Ce double clin d'œil, à la fois à l'histoire de l'architecture occidentale moderne (avec la référence au Pavillon suisse) et à l'architecture chinoise traditionnelle, est typique de la génération d'architectes chinois contemporains emmenée par

Yung Ho Chang, Wang Shu et quelques autres. Ils cherchent collectivement une architecture qui affirme sans équivoque son caractère contemporain et sa visibilité mondiale, tout en restant solidement ancrée dans le contexte culturel chinois unique et la culture matérialiste. Par rapport aux volumes énormes qui ont été construits en Chine depuis quelques dizaines d'années, majoritairement par des instituts de design gérés par l'État et qui incarnent par conséquent une philosophie conservatrice basée sur l'imagerie architecturale traditionnelle et certaines de ses expressions comme les toits d'ardoises omniprésents et leurs avant-toits marquants, la production de ce groupe d'architectes est plutôt modeste en termes de quantité. Cela n'empêche pas leur travail de dominer très largement le discours intellectuel de l'architecture contemporaine en Chine. Wang Mingxian et Jian Shi observent que ces architectes « ne se contentent plus de puiser des détails dans la culture traditionnelle, mais tentent d'établir un nouveau système d'évaluation dans le contexte d'un échange culturel à l'heure d'aujourd'hui, de chercher et interpréter une culture orientale capable de contrebalancer la culture occidentale ». En réalité,

de la Chine is executed in a dark gray brick using various bricklaying techniques inspired by traditional Chinese bonds that are reminiscent of traditional construction materials in Beijing, whereas the walkways lining the interior courtyard are shielded for privacy by a screen of wood lattice. On the one hand, this combination of brick and wood is highly evocative in Chinese architectural theory, where architecture is defined as Tu Mu, or earth and wood. Based on this, the Maison de la Chine can be seen as an instantiation of the very notion of architecture in the Chinese cultural context. On the other hand, though, the bricks used here weren't actually made in China, but in Northern Germany. Similarly, the bricklayers were local, and the traditional palette of materials is augmented by large-format high-performance glass panes. In this sense, the Maison de la Chine is grounded in a traditional Chinese understanding of architecture on the level of materiality and construction while at the same time acknowledging the economic and cultural forces underlying the age of globalization. In so doing, the Maison de la Chine epitomizes, renders, and manifests architecturally the complex and contradictory cultural conditions of our present.

concèdent les auteurs, cette quête de métissage culturel est au cœur même de l'architecture qui s'est fait connaître en Chine au milieu des années 1990 comme « expérimentale », caractérisée à la fois par une connaissance de la théorie et de la pratique occidentales et par leur intégration aux références architecturales et aux techniques de construction chinoises. Son émergence coïncide avec l'ouverture des premiers cabinets d'architecture indépendants et privés en Chine dans les années 1980, une évolution dans laquelle s'inscrit la création d'Atelier FCJZ en 1993, après le retour des États-Unis à Beijing de Yung Ho Chang, qui y jouera un rôle particulièrement éminent.

Cette fécondation mutuelle des approches occidentale et orientale apparaît aussi dans d'autres aspects de la Maison de la Chine, le généreux espace ouvert au public du jardin sur le toit en est peut-être l'exemple le plus significatif. Cet espace extérieur fait clairement référence aux cinq points de l'architecture moderne définis par Le Corbusier, tandis qu'il prolonge en même temps la longue tradition des jardins chinois jusqu'à aujourd'hui et jusqu'à la capitale française. Par conséquent, sa visite constitue véritablement une « promenade architecturale » au sens donné par Le Corbusier à l'exercice, enrichie des impressions visuelles et apprentissages divers produits par la déambulation dans un jardin chinois traditionnel.

Les architectes remettent néanmoins aussi en question et compliquent l'argument facile du métissage culturel : la façade de la Maison de la Chine est faite de briques gris sombre assemblées avec différentes techniques de maçonnerie qui s'inspirent de la tradition chinoise et rappellent les matériaux de construction traditionnels utilisés à Beijing, tandis que les galeries autour de la cour intérieure sont protégées des regards par un écran de bois treillissé. Si cette association de la brique et du bois évoque incontestablement, d'un côté, la théorie architecturale chinoise qui définit l'architecture comme *tu-mu*, ou « terre et bois », de sorte que la Maison de la Chine pourrait incarner la notion même d'architecture dans la culture chinoise, les briques utilisées n'ont pas été, d'un autre côté, fabriquées en Chine, mais dans le Nord de l'Allemagne. De même, les maçons étaient des maçons locaux et les matériaux traditionnels sont associés à des vitres grand format en verre haute performance. On peut donc dire que la Maison de la Chine est ancrée dans une vision chinoise traditionnelle de l'architecture en ce qui concerne les matériaux et la construction, mais qu'elle tient aussi compte des forces économiques et culturelles à l'œuvre à l'ère de la mondialisation. Ce faisant, elle incarne, elle traduit et elle exprime en langage architectural la complexité et la contradiction culturelles qui règnent aujourd'hui.

Bonds and Breaches in the Garden of Peace and Harmony

Assemblages et brèches dans le Jardin de la paix et de l'harmonie

Ariel Genadt, PhD
Architect, Critic, Lecturer
University of Pennsylvania,
Weitzman School of Design

Ariel Genadt, PhD
Architecte, critique, maître de conférences
University of Pennsylvania,
Weitzman School of Design

Des *fortifs* au *tŭlóu*

La Maison de la Chine (MdC) a été construite près de l'emplacement de l'ancienne enceinte de Thiers, érigée entre 1841 et 1844 pour protéger Paris des invasions étrangères[1]. Ces fortifications, connues sous le nom de *fortifs*, forment la dernière et la plus importante des sept murailles qui ont successivement circonscrit la capitale depuis l'époque gallo-romaine, avant d'être démolies. Elles étaient hautes de 22 mètres et comprenaient 94 bastions, un fossé de 40 mètres de large et une ceinture verte ou glacis de 250 mètres de large, zone non constructible (*non ædificandi*). Les rares vestiges de l'enceinte de Thiers permettent d'imaginer comment une infrastructure aussi monumentale a pu inspirer aux architectes modernes l'idée de transformer les toits plats en terrasses et celle de projets de mégastructures qui réunissent routes, habitat et jardins (Figs. 1-3). Mais les *fortifs* sont aussi associées au conflit, au cloisonnement urbain et, plus tard, aux inégalités sociales lorsque le glacis est devenu la *Zone*, peuplé de milliers de sans-abris, jusqu'au démantèlement des fortifs dans les années 1920. Leur obsolescence – dû aux progrès technologiques militaires – est alors l'opportunité pour Paris d'être raccordé à ses banlieues, un espoir anéanti par la construction du Boulevard Périphérique (« le Périf ») de 1956 à 1973. Pourtant, dans les années 1920, l'ancienne *Zone* accueille le plus grand projet de logements sociaux jamais construit en France. Le résultat bouleverse Le Corbusier. Il y voit « un désert pour le cœur et

From *fortifs* to *tŭlóu*

The Maison de la Chine (MdC) is built on the former grounds of Paris' Thiers fortifications, erected between 1841–44, to protect the capital from foreign invasions.[1] This urban enclosure, commonly known as the *fortifs*, was the last and the largest of seven walls since the Gallo-Roman era, which have successively delimited the capital and have been demolished. It was 22 meters high and boasted 94 bastions, a 40-meter-wide moat, and a 250-meter-wide *non-ædificandi* greenbelt. The rare extant vestiges of the Thiers walls let one imagine how such a monumental infrastructure may well have inspired modern architects to turn flat roofs into terraces and devise megastructural projects combining roads, dwellings, and gardens (Figs. 1–3). Still, the *fortifs* were invariably

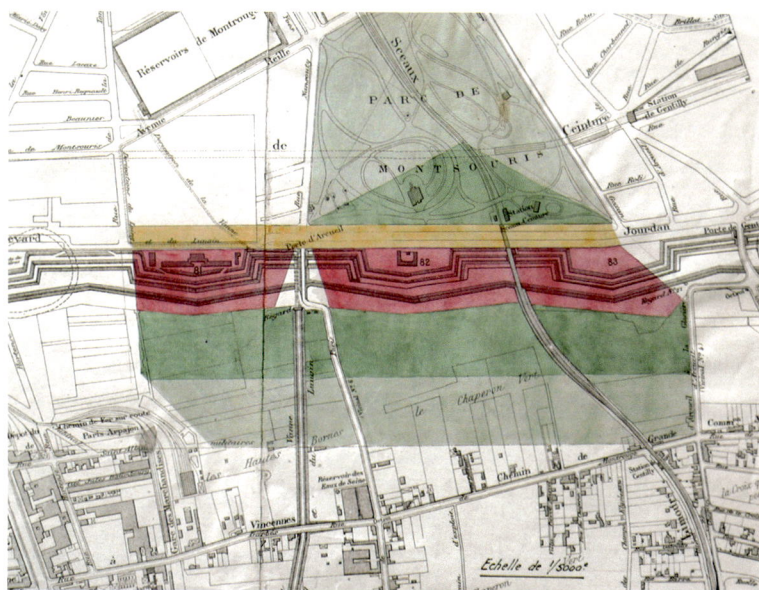

Fig. 1: Plan of the fortifications ca.1921 near bastions 81-83 showing the original limits of the Cité, undated. Archives Nationales, AN-AJ16-7027-D2-b (bastions 81-82-83 A) NB 2.

Fig. 1: Plan de situation des fortifications aux abords des bastions 81-83 montrant la délimitation initiale de la Cité, vers 1921, non daté. Archives Nationales AN-AJ16-7027-D2-b (bastions 81-82-83 A) NB 2

Fig. 2, left: Vincent van Gogh, *Fortifications of Paris with Houses*, 1887. Chalk, pencil, watercolor, on paper. Whitworth Art Gallery, University of Manchester, UK.

Fig. 3, right: Extant portion of the Thiers fortification at Porte de Bercy, with bastion 1, from Pont National. 2018.

Fig. 2, à gauche: Vincent van Gogh, *Fortifications de Paris, avec maisons*, 1887. Craie, crayon, aquarelle sur papier. Whitworth Art Gallery, University of Manchester, Grande-Bretagne.

Fig. 3, à droite: Portion restante des fortifications de Thiers porte de Bercy et bastion n° 1, vus du pont National, 2018.

associated with conflict, urban seclusion, and later with social inequalities, when the greenbelt became *la Zone*, sheltering thousands of homeless persons, until the walls' dismantling in the 1920s. Their obsolescence—due to developments in military technology—presented the opportunity to connect Paris to its suburbs, but that promise was precluded by the construction of the Boulevard périphérique ("*le périf*") between 1956 and 1973. In the 1920s, the former *Zone* became the ground of the largest social housing project France has ever built. Le Corbusier was rather upset with the outcome of that enterprise, which he considered "a desert for the heart and the mind… a pit of disillusion,"[2] because it perpetuated Haussmann's closed *îlot* (urban block) of high-density typology, and failed to offer modern living conditions with sunlight, fresh air, and greenery.

l'esprit… un gouffre de désillusion[2] » qui perpétue l'îlot urbain clos (pâté de maisons) de Haussmann – qui, du fait de sa densité élevée, est incapable d'offrir des conditions de vie modernes avec soleil, air frais et verdure.

L'aménagement de la Cité internationale universitaire de Paris fait partie de ce gigantesque projet de défrichement. Elle voit le jour par phases à l'emplacement de l'ancienne *Zone* entre bastions n°ˢ 78 et 85. La première vague de construction entre les deux guerres donne naissance à une curieuse collection d'architectures de styles régionalistes. Les seuls pays asiatiques alors représentés sont le Japon (1929), l'Arménie (1930) et l'Indochine sous domination française (1930). Leurs maisons ont été conçues par des architectes français et enrichies d'éléments folkloriques en béton et plâtre. Les autres pays d'Asie représentés par une maison en propre ne le seront qu'après la Seconde Guerre mondiale avec le Cambodge (1957), le Liban (1965), l'Inde (1968) et l'Iran (1969). Et il faudra encore un demi-siècle pour que voit le jour la maison de la Corée du Sud (2018) dans le cadre de la troisième et dernière phase de construction du site. L'inauguration de la MdC en 2023 s'inscrit dans cette phase et ajoute une pierre attendue depuis longtemps à l'édifice des valeurs fondatrices de diversité sociale et d'échanges culturels qui sont celles de la Cité. Offrant 300 unités et de nombreux équipements publics, c'est l'une des cinq plus grandes maisons du campus.

On constate toutefois que le groupe de bâtiments censé représenter l'Asie à Paris déjoue toute tentative de lui attribuer un caractère « oriental ». De fait, cette généralisation inutile ne fait que perpétuer des visions bornées de l'autre et réfute le transfert d'idées et de technologies qui a toujours fourni un terrain fertile à la pratique de l'architecture. Or, c'est précisément cet enrichissement interculturel que les architectes de la MdC ont judicieusement mis en pratique dans un bâtiment qui, selon Zhai Jun, ambassadeur de la République populaire de Chine en France, est « une excellente nouvelle pour les étudiants chinois en France mais aussi pour les relations franco-chinoises. Ce Jardin de la paix et de l'harmonie [*Hé yuàn*] sera un lieu d'échanges académiques mais aussi une vitrine pour la culture chinoise[3] ». Pour relever ces défis, les architectes se sont lancés dans une tâche à laquelle beaucoup ont échoué: éviter de tomber, d'une part, dans le kitsch régionaliste et, d'autre part, dans une abstraction universelle sans âme. Ils ont conjugué cet effort à tous les niveaux, de la volumétrie urbaine à l'articulation matérielle et jusqu'aux détails d'assemblage.

À l'échelle urbaine, les architectes parlent d'une fusion de l'îlot haussmannien et du *tǔlóu* 土楼 – un habitat collectif traditionnel qu'on trouve dans les provinces méridionales chinoises du Fujian, du Guangdong et en partie du Jiangxi. Ces constructions en terre sont apparues au XVIIe siècle et ont encore

The establishment of the Cité internationale universitaire de Paris was part of that gigantic urban reclamation project. It was built in phases on the site of the former *Zone* between bastions 81 and 84. The first construction wave between the two world wars spawned a curious collection of architectures with a regionalist flair. The only Asian countries represented in those years were Japan (1929) Armenia (1930), and French-ruled Indochina (1930). Their "houses" were designed by French architects and included folkloric architectural elements, executed in concrete and plaster. Other Asian countries to be represented by their own house would only arrive after WWII with Cambodia (1957) Lebanon (1965), India (1968), and Iran (1969). And it would take another half a century until South Korea opened its house (2018) during the third and last phase of the campus's construction. As part of that phase, the MdC's inauguration in 2023 adds a long overdue stone to the edifice of the Cité's foundational values of social diversity and cultural exchange. With its 300 units and extensive public facilities, it is one of the Cité's five largest houses.

Meanwhile, the group of buildings supposed to represent Asia in Paris mocks any attempt to qualify them as possessing an "Eastern" character. Indeed, such a useless generalization merely perpetuates narrow-minded visions of the Other, and contradicts the actual migration of ideas and technologies that have always been a fertile ground for the practice of architecture. It is precisely such cross-cultural fertilization that the architects of the MdC have savvily put into practice in an edifice which, according to Zhai Jun, Ambassador of the People's Republic of China in France, is "an excellent addition for Chinese students in France but also for Franco-Chinese relations. This Garden of Peace and Harmony [*Hé yuán*] will be a place for academic exchanges but also a window into Chinese culture."[3] Rising to these challenges, the architects have undertaken a task that many have failed at: how to avoid regionalist kitsch, on one hand, and a soulless universal abstraction, on the other. This endeavor has been conjugated at all scales, from the urban volumetric, through the material articulation, and on to assembly details.

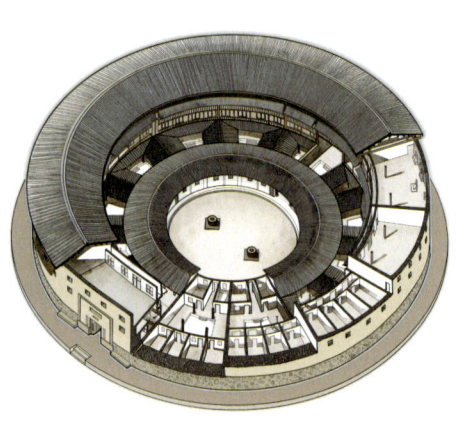
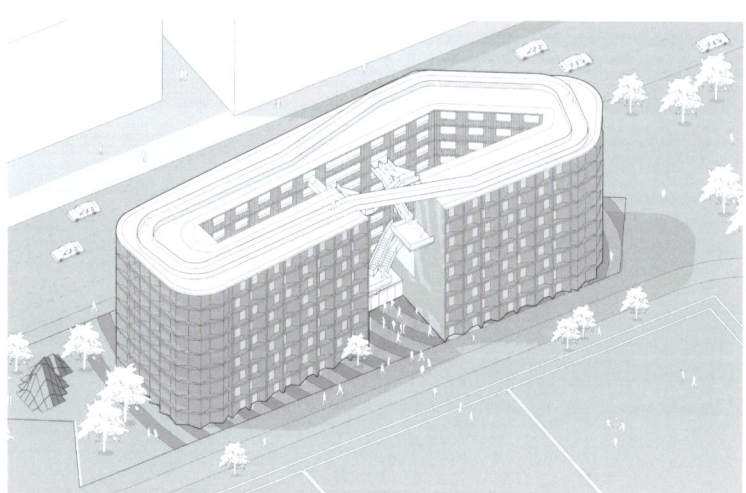

Fig. 4, left: Eryilou 二宜樓 building, Dadi Village, Zhangzhou City, Hua'an County, China. Built ca.1770.
Fig. 5, right: Axonometric of the MdC.

Fig. 4, à gauche: Bâtiment Eryilou 二宜樓, Dadi, Zhangzhou, Hua'an, China. Construit vers 1770.
Fig. 5, à droite: Axonométrie de la MdC.

At the urban scale, the architects have described their scheme as a fusion of the Haussmannian *îlot* with the *tǔlóu* 土楼 typology, the latter being a traditional collective residence found in China's southern provinces of Fujian, Guangdong, and part of Jiangxi. Those "earthen buildings" appeared in the seventeenth century and continued to be built through the twentieth.[4] Circular, elliptical, and seldom rectangular in plan, they are designed for a closed community, organized around a single-loaded corridor, giving onto an internal public courtyard open to the sky (Figs. 4–5). Their outer rammed earth enclosure typically tapers from about 2.5 meters at the base to about 1.5 at the top and has both a defensive and a climatic function. It acts as a thermal mass in summer and as insulation in winter. The interior structure is a timber frame, and the inner single-loaded corridor is lined with wooden grate parapets and is shaded and well-ventilated.[5]

été bâties pendant le XXe siècle[4]. De forme circulaire, elliptique et parfois rectangulaire, elles sont destinées à accueillir une communauté fermée et sont agencées autour d'une galerie donnant sur une cour intérieure à ciel ouvert (Figs. 4-5). Leur enceinte extérieure en pisé va traditionnellement en diminuant, de près de 2,5 mètres à la base à environ 1,5 mètres au sommet, et sert une fonction à la fois défensive et climatique. Elle tient lieu de masse thermique en été et isole en hiver. L'intérieur est structuré par une charpente en bois, tandis que la galerie intérieure est ombragée, ventilée, et bordée de garde-corps en bois[5].

On retrouve un contraste semblable entre extérieur et intérieur dans la MdC, ce qui remplit également des fonctions communautaires et climatiques (Figs. 6-7). Si l'aspect extérieur du bâtiment évoque peut-être les fortifications d'antan, son centre évidé à la manière d'un tulou

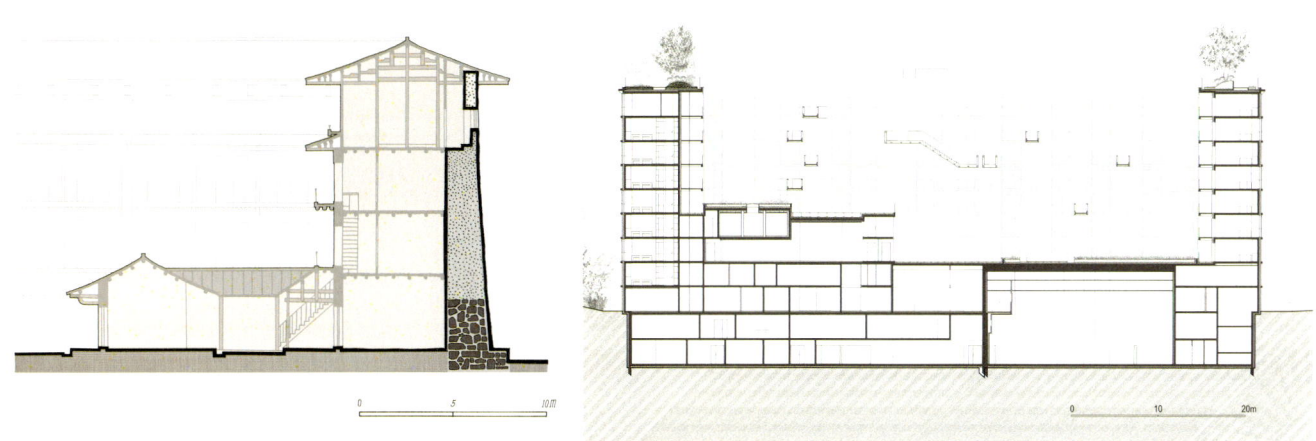

Fig. 6, left: Eryilou 二宜樓 building, cut-away axon and section.
Fig. 7, right: East-West section of the MdC.

Fig. 6, à gauche: Bâtiment Eryilou 二宜樓, axonométrie et coupe.
Fig. 7, à droite: MdC, coupe Est-Ouest.

est conçu comme « un salon sans toit » et s'enorgueillit de la légèreté des fines lattes de bois qui bordent la galerie naturellement aérée⁶. L'ensemble est bien plus sensuel et propice aux rapports sociaux que l'îlot Haussmannien où la cour, souvent obscure, humide et sonore, ne permet que des rencontres brèves au rez-de-chaussée. Les architectes de la MdC ont ils tenu compte de la critique de Le Corbusier, en veillant à l'apport de lumière, d'air et de verdure? Il semblerait que oui, tout en adaptant son système de couloir desservant un seul côté dans le Pavillon suisse voisin (1933) à la typologie chinoise. Et si les plans de Haussmann et du tulou sont clos, celui de la MdC reste ouvert et ne crée pas un jardin muré. Vu en élévation, une énorme brèche apparaît dans le mur, telle une faille géologique dans un paysage de briques (Figs. 8-9). Cette ouverture dissout toute association avec un mur d'enceinte isolant. Le mur discontinu revendique toutefois son identité dans le but d'établir une relation

A comparable contrast between exterior and interior exists at the MdC, serving similarly for communal and climatic purposes (Figs. 6–7). Its external appearance may connote the former fortifications on the site, but, like a *tǔlóu*, its hollowed-out core is conceived as "a living room without a roof," and boasts the lightness of slender timber slats lining the naturally ventilated circulation.⁶ This configuration is far more sensual and conducive to social interaction than the Haussmannian *îlot*, where the courtyard only serves for limited encounters at ground level, and is often dark, damp, and loud. The architects of the MdC have thus heeded Le Corbusier's critique and provided sunlight, air, and greenery, while departing from the modern master's single-loaded corridor scheme for the nearby Pavillon suisse (1933) and bending it, as it were, into a Chinese typology, though not entirely. If the topologies of Haussmann and *tǔlóu* are closed, the MdC plan remains open

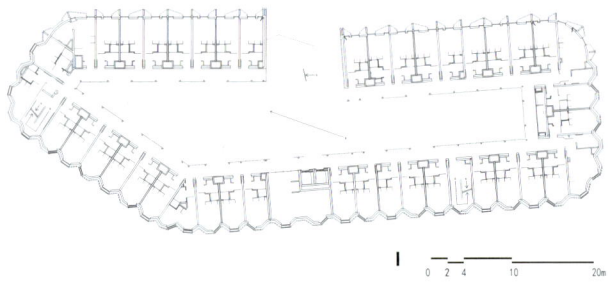 

Fig. 8, left: Typical floor plan for the MdC.
Fig. 9, right: The MdC viewed from the north side of the soccer field.

Fig. 8, à gauche: MdC – plan d'étage type.
Fig. 9, à droite: MdC – vue du côté nord depuis le terrain de foot.

and does not create a walled garden in the Chinese tradition. In elevation, it appears as a monumental breach in the wall, or a tectonic fault (in the geological sense) in a brick landscape (Figs. 8–9). Through this porosity, the association with an isolating city wall dissolves. This breached wall stands its ground and asserts its identity, only to build a harmonious relationship with its neighbors, welcoming visitors into its midst.

The architects' affair with Le Corbusier did not end with the typology. If a *toit terrasse* and a planted roof had been offered in his Pavillon and the Maison du Brésil (1959, with Lucio Costa) respectively, the architects of the MdC have unfolded his green roof principle in the third dimension, in a manner he would have likely approved of avidly. Here modernist and preindustrial references collide: the planted terraces may call to mind the green fortifications or modern terrace roofs, but when observing the MdC in its verticality, the multidimensional deployment of earth (as brick), wood, and plants, is reminiscent of the spatial representation of landscapes in traditional literati paintings (Fig. 10). The jagged paths typical of Chinese scholars' gardens, such as those in

harmonieuse avec ses voisins, accueillant les visiteurs.

Les architectes n'en ont pas pour autant terminé avec Le Corbusier. S'il s'est offert respectivement un toit-terrasse et une toiture végétalisée sur son Pavillon et sur la Maison du Brésil (1959, avec Lucio Costa), les créateurs de la MdC, quant à eux, ont développé son principe du toit vert dans la troisième dimension, d'une manière qu'il aurait certainement saluée. Les références modernistes et préindustrielles s'y rencontrent: les terrasses plantées évoquent la verdure des fortifications ou des toits terrasses modernes, mais lorsqu'on observe la MdC dans sa verticalité, l'étagement de briques, de bois et de végétation rappelle aussi la représentation spatiale des paysages dans les peintures traditionnelles des lettrés chinois (Fig. 10). Les sentiers irréguliers typiques des jardins d'érudits, comme ceux de Suzhou, ont également constitué la principale inspiration des « ponts volants » qui enjambent l'atrium de la MdC (Fig. 11). Leurs surfaces revêtues d'aluminium de couleur claire dissimulent de gigantesques fermes d'acier, conçues par la société d'ingénieurs française Etcometa. Ce tour de force spatial amplifie la promenade architecturale par une dimension oblique à niveaux multiples aussi vertigineuse que les *Prisons imaginaires* de Piranèse. Ces espaces publics sont l'un des atouts les plus spectaculaires du bâtiment et lui confèrent une place à part parmi les résidences de la Cité.

Suzhou, were the main image for the "flying bridges" that span the central atrium of the MdC (Fig. 11). Their clear-coated aluminum surfaces dissimulate monumental steel trusses, designed by the French engineering firm Etcometa. In this spatial tour de force, the architects have extended the *promenade architecturale* into a multilevel oblique experience, as vertiginous as Piranesi's *Carceri d'invenzione*. The resulting quality of the public space is one of the building's most spectacular achievements, setting it apart from most of the Cité's residences.

Des appareillages contextuels

Comme ils l'ont fait à l'échelle urbaine, les architectes de la MdC ont voulu un bâtiment à la fois culturellement identifiable et intégré dans son environnement au niveau des matériaux et des détails d'assemblage. Un siècle plus tôt, durant la première phase de la construction de la Cité, les architectes des maisons avaient recours au béton armé ou aux charpentes en acier, dissimulés derrière des façades en briques, en pierre ou en crépi afin de véhiculer une image préindustrielle, voire médiévale. A la MdC aussi, la brique forme la couche la plus visible de l'enveloppe du bâtiment mais la structure poteaux-poutres et voiles en béton est complétée par de fines colonnes en acier pour les couloirs intérieurs. S'ils ont masqué la plupart des éléments en béton, les architectes ont voulu rappeler la structure en laissant dépasser les nez de dalles à chaque étage, un détail qui pourrait rappeler les logements sociaux des années 1920, même si le béton apparent est aussi présent dans nombre d'œuvres de FCJZ.

Fig. 10, left: 晴峦萧寺图 *Qing Luan Xiao Si Tu* by 李成 Li Cheng, Song Dynasty (960–1279 AD).

Fig. 11, right: View of the MdC's internal patio with flying bridges and roof garden.

Fig. 10, à gauche: 晴峦萧寺图 *Qing Luan Xiao Si Tu* par 李成 Li Cheng, dynastie Song (960-1279).

Fig. 11, à droite: MdC – vue du patio intérieur avec les ponts volants et le jardin sur le toit.

Brick bonds

In a similar manner as at the urban scale, at the level of material articulation and the assembly details, the MdC's architects sought to make the building both culturally identifiable and fitting in its context. A century earlier, during the first phase of the Cité's construction, all the houses employed reinforced concrete or steel framing, but they dissimulated those materials behind brick, stone, or stucco façades, to convey a preindustrial or even medieval image. Although brick is the main expressive layer of the MdC's envelope, its structure, like that of some of its neighbors, is comprised of load-bearing concrete walls with some concrete frames, complemented by slender steel columns for the inner corridors. While cladding most of the concrete elements, the architects sought to hint at the structure by letting the horizontal slabs jut through the brick landscape at each level. This detail may hint at the social housing of the 1920s but uses fair-faced concrete, characteristic of many of FCJZ's works in China.

In the 1920s, factory-made brick was the predominant infill and cladding material, replete with an array of hues and surface modulations. It afforded the expression of kinship to various regional identities or a certain socio-economic affiliation, but it also allowed designers to relate, and even to bond, their design to the immediate architectural context that used bricks in a similar way. Indeed, most of the first houses used the common Flemish bond that alternates stretchers and headers, using the standard "*brique du nord*" with a 2:1 ratio. Architect Lucien Bechmann set the tone in 1925 when he chose yellow brick framed in cut limestone to infill and clad a steel frame structure in his design for the Fondation Deutsch de la Meurthe, the Cité's first student housing complex (Fig. 12A). While his layout was inspired by English garden cities of the turn of the century and by neo-medieval college architecture that he had seen across the Channel, he admitted that his true source was the medieval Norman style.[7] Bechmann may indeed have left behind the bricks' meaning in Britain, where "redbrick universities" referred to nineteenth century civic institutions that were less highly regarded than the older established ones. To the British, cheap red brick was associated with the working-class

Dans les années 1920, la brique industrielle était le premier matériau de remplissage et de parement avec d'innombrables nuances et variations de surface. Elle permettait d'exprimer une parenté avec diverses identités régionales ou une affiliation socio-économique, mais elle a aussi donné aux créateurs la possibilité de lier leurs réalisations au contexte architectural du moment qui faisait de la brique un usage semblable. La plupart des premières maisons de la cité adoptent l'appareillage flamand, alors courant, où alternent panneresses et boutisses réalisées en « brique du nord », dont les proportions sont de 2:1. L'architecte Lucien Bechmann donne le ton en 1925 lorsqu'il choisit des briques jaunes encadrées de pierre de taille calcaire pour le remplissage et le parement d'une structure en acier dans son projet pour la Fondation Deutsch de la Meurthe, le premier complexe de logements de la Cité (Fig. 12A). S'il s'inspire des cités jardins anglaises du début du siècle et de l'architecture universitaire néo-médiévale qu'il a rencontrée outre-Manche, il admet aussi que sa source première est le style normand médiéval[7]. Bechmann avait sans doute choisi de ne pas tenir compte de la mauvaise réputation des briques en Grande-Bretagne où les « universités de briques rouges » désignent les établissements du XIXe siècle, moins bien considérés que d'autres plus anciens. Pour les Britanniques, la brique rouge bon marché était associée aux quartiers ouvriers des villes industrielles du Centre de l'Angleterre, par opposition aux édifices nationaux construits en pierres de taille[8].

Fig. 12: A–J, from top left to bottom right
A. Fondation Emile et Louise Deutsch de la Meurthe, 1925. Flemish bond with limestone quoining.
B. Fondation Biermans-Lapôtre, 1926. Flemish bond with limestone quoining.
C. Maison international AgroParisTech (MINA), 1928. Dogtooth arrangement, corner detail.
D. Fondation des États-Unis, 1930. Flemish bond with limestone quoining.
E. Fondation danoise, 1932. Stretcher bond.
F. Maison des Provinces de France, 1933. Flemish bond.
G. Collège franco-britannique, 1937. Flemish bond.
H. Maison de Norvège, 1954. Stretcher bond.
I. Maison de Norvège, 1968. Stretcher bond.
J. Maison de la Chine, 2023. Stretcher bond.

Fig. 12: A-J, de haut à gauche en bas à droite
A. Fondation Emile et Louise Deutsch de la Meurthe, 1925. Appareillage flamand et pierres d'angle calcaires.
B. Fondation Biermans-Lapôtre, 1926. Appareillage flamand et pierres d'angle calcaires.
C. Maison internationale AgroParisTech MINA, 1928. Disposition en dents de scie, détail d'un angle.
D. Fondation des États-Unis, 1930. Appareillage flamand et pierres d'angle calcaires.
E. Fondation danoise, 1932. Appareillage en panneresses.
F. Maison des Provinces de France, 1933. Appareillage flamand.
G. Collège franco-britannique, 1937. Appareillage flamand.
H. Maison de la Norvège, 1954. Appareillage en panneresses.
I. Maison de l'Inde, 1968. Appareillage en panneresses.
J. Maison de la Chine, 2023. Appareillage en panneresses.

streets of Midlands industrial towns, which contrasted with the cut stone edifices of the establishment.[8] Still, several designers followed Bechmann's lead, using brick to entertain a dialogue with their neighbors, in both the first and second phases of the Cité's construction (Fig. 12 B–I). The MdC is the only one in the third phase to use brick.

In Paris, however, brick has several other connotations. It has been in use in housing since the fifteenth century, but the technique of using red brick in combination with off-white limestone quoining became a popular style for noble edifices at the end of the sixteenth century, as demonstrated in the Place Royale, built 1605–1615 (now Place des Vosges) or Louis XIII's hunting lodge in Versailles of 1624.[9] In contrast, Haussmann's reconstruction of the capital in limestone *pierre de taille* in the nineteenth century had relegated exposed brick façades to the less affluent classes. During the "gigantic operation" of the 1920s, it became the default envelope material for the social housing projects known as Habitations à Bon Marché (HBM) and later Immeubles à Loyer Modéré (ILM) that sprouted along the former *Zone* (Fig. 13). Their yellow and orange brick surfaces contrasted with the middle-class Haussmannian whiteness, though often framed by fair-faced or plastered concrete, in lieu of the limestone for those who could afford it.

Only two buildings at the Cité contrasted with the regionalist and academic creations in style and materials: The Pavillon suisse, mentioned earlier, and Willem Dudok's Collège néerlandais (1938). While the latter featured off-white stucco that accentuated its Neoplasticist composition, Le Corbusier chose *béton brut* and precast cement tiles, hung onto a steel frame, to convey a resolutely universal modernity. And as if taunting his neighbors for using fired brick, he chose the so-called *brique Nevada*—the latest industrial "snowy" glass lens by Saint-Gobain—to light the vertical protuberance in his play of volumes.

With this Parisian history in mind, one is struck by the MdC's what the architect Pierre Louis Faloci has called "the silent story

Bien que plusieurs autres créateurs suivront Bechmann et auront recours à la brique pour dialoguer avec les bâtiments voisins pendant la première et la seconde phase de construction de la Cité (Fig. 12 B-I), la MdC est la seule maison de la troisième phase à le faire.

Cependant, à Paris, la brique possède plusieurs autres connotations. Utilisée pour les bâtiments d'habitation depuis le XVe siècle, son usage associé à des pierres d'angle en calcaire s'est popularisé pour les bâtiments nobles à la fin du XVIe siècle, comme en témoignent la place Royale, construite entre 1605 et 1615 (actuelle place des Vosges), ou le pavillon de chasse érigé par Louis XIII à Versailles en 1624[9]. En revanche, la reconstruction de la capitale par Haussmann en pierre de taille calcaire au XIXe siècle relègue les façades de briques apparentes aux classes moins aisées et « l'action gigantesque » des années 1920 en fait le matériau d'enveloppe par défaut des Habitations à bon marché (HBM), puis Immeubles à loyers modérés (ILM), qui surgissent le long de l'ancienne *Zone* (Fig. 13). Leurs façades de briques jaunes et orange contrastent avec la blancheur des immeubles haussmanniens destinés aux classes moyennes, aussi par leurs encadrements en béton de parement ou enduit.

Seuls deux bâtiments de la Cité rompent avec la tradition régionaliste et universitaire au niveau du style et des matériaux : le Pavillon suisse déjà mentionné et le Collège néerlandais de Willem Dudok (1938). Si ce dernier a opté pour du stuc blanc cassé qui en souligne la composition néoplastique, Le Corbusier a choisi le béton brut et les plaques de ciment préfabriquées fixées à une ossature d'acier qui véhiculent une modernité résolument universelle. Et comme pour railler ses voisins et leurs briques réfractaires, il utilise la brique de verre « givrée » Nevada – le dernier produit industriel de Saint-Gobain – pour éclairer la protubérance verticale dans son jeu de volumes.

Avec cette histoire parisienne à l'esprit, il est frappant de constater à quel point la MdC fait raisonner ce que l'architecte Pierre Louis Faloci a appelé « l'histoire sourde du lieu »,[10] ce qui la distingue des huit autres nouvelles maisons construites sur le campus depuis 2013[11]. Alors que les autres architectes ont choisi des matériaux et techniques industriels pour les enveloppes de leurs bâtiments, la MdC se singularise par sa maçonnerie réalisée à la main. Elle ravive ainsi les liens communautaires auxquels aspiraient certains architectes des années 1920 en tant que voisine respectueuse, mais aussi fière de son identité culturelle.

Fig. 13: View of the construction site of îlot F, at Cité Charles Hermite, located at Porte d'Aubervilliers, Paris. Reinforced concrete frame, hollow brick infill and perforated brick exterior facing. Image shot on September 15, 1933.

Fig. 13: Vue du chantier de l'îlot F de la Cité Charles Hermite, située Porte d'Aubervilliers, Paris. Ossature en béton armé, brique creuse de remplissage et brique perforée de parement. Photo prise le 15 septembre 1933.

of place,"[10] which signals it out among the eight other new houses built on the campus since 2013.[11] While the others have chosen industrial materials and techniques for their envelopes, the MdC is singular in employing hand-assembled masonry. As a result, it rekindles the kind of community bonds aspired to by some of the architects of the 1920s, being a respectful neighbor that is also proud of its cultural identity.

Un mille-feuille de sens

Les architectes de la MdC ont affirmé avoir choisi leurs matériaux avant tout pour la signification de la brique en Chine[12]. Mais le contexte local du site ajoute des strates multiples de sens à la typologie du mur

Layer upon layer of meaning

The architects of the MdC have maintained that their choice of material has been primarily motivated by the brick's significance in China.[12] Be that as it may, the site's context adds multiple layers of meaning to the brick wall typology. Perhaps, the unabashed choice of this typology, despite its connotations in Europe with conflict on one hand, and with a premodern language on the other, stemmed from the fact that such associations are less prevalent in China. There, great brick walls still constitute some of the nation's monuments, and ancient fortifications have been preserved in many large cities. Beijing is of particular relevance here, not only as the architect's hometown but also as the official sponsor city of the original project. The client and the architects have therefore chosen to use a Beijing-like brick with its typical gray hue, asperities, and elongated proportions. The method for producing this gray hue, developed during the Song Dynasty (960–1276), consisted of adding water at a late stage of the firing, which prevented the penetration of oxygen into the kiln and caused the iron in the bricks to remain partly unoxidized.[13] But for the MdC, this effect has been achieved with twenty-first-century methods. The 300,000 or so pieces used were manufactured by one of Europe's largest brick producers, the Vandersanden factory in Westerwald, Germany, which offers customized colors and textures. Thus, the beauty of chance had, the construction of this "Garden of Peace" enabled by descendants of France's erstwhile enemies, which were to be kept at bay by the fortifications.

If the bricks' color and texture only imitate those of Beijing, their layouts were carefully articulated to evoke four types of preindustrial Chinese bonds: 顺砌 *shun-qi*, a planner stretcher bond; 镂空 *lòu-kōng*, a grate-like bond with double stretcher courses, used on the north façade; 出挑 *chu-tiao*, a Flemish bond with cantilevered headers, used on the south façade; and 叠涩 *die-se*, a stepped corbel, used on the building's topmost cornice (Figs. 14–17).

The *die-se* corbels are the only elements in the building to be pre-assembled into modules before being fixed onto the cornice. All the other bricks were assembled manually, piece-by-piece (Fig. 18). According to the architects, their insistence on manual assembly aimed to make manifest a connection between the craftsperson's hand and the building, taming, as it were, the universal dimension of the bricks' industrial production.[14] The architects' ability to generate precise meaning through the various assembly methods of a serially produced product, manufactured far away from its

de briques. Ce choix décomplexé, malgré ses connotations en Europe, entre conflit et langage prémoderne, s'explique peut-être par le fait que ces associations sont moins répandues en Chine. Les grandes murailles de briques y sont encore des monuments nationaux et bon nombre de grandes villes ont conservé leurs fortifications. L'exemple de Pékin est ici particulièrement pertinent, en tant que ville natale de l'architecte et que mécène officiel du projet. C'est pourquoi le client et les architectes ont choisi d'utiliser une brique de type pékinois à la teinte grise, aux aspérités et aux proportions allongées caractéristiques. La méthode qui permet d'obtenir cette teinte grise date de la dynastie des Song (960-1276) et consiste à ajouter de l'eau pendant la dernière phase de la cuisson afin d'empêcher l'oxygène de pénétrer dans le four, ce qui permet au fer contenu dans les briques de ne pas être totalement oxydé[13]. Les briques de la MdC, elles, ont été produites avec des méthodes du XXIe siècle et les quelque 300 000 utilisées ont été fabriquées par l'un des plus grands producteurs de briques d'Europe, l'usine Vandersanden de Westerwald, en Allemagne, qui fournit des teintes et des textures sur mesure. Ainsi, la beauté du hasard a voulu que les descendants des anciens ennemis de la France que les fortifications devaient tenir à distance, ont contribué à la construction de ce « Jardin de la paix ».

Si la couleur et la texture des briques imitent celles des briques de Pékin, leurs dispositions ont été soigneusement pensées pour rappeler quatre types de

Fig. 14, left: 顺砌 *shun-qi*, stretcher bond, with a plaque inscribed with *He yuan* — "Garden of Peace and Harmony".

Fig. 15, right: Example of 镂空 *lòu-kōng*, a grate-like bond with double stretcher courses, on the north façade.

Fig. 14, à gauche: 顺砌 *shun-qi*, appareillage en panneresses et plaque portant l'inscription *He yuan* – « Jardin de la paix et de l'harmonie ».

Fig. 15, à droite: 镂空 *lòu-kōng*, appareillage de type grillagé à doubles rangées de panneresses, façade nord.

Fig. 16, left: Example of 出挑 *chu-tiao*, Flemish bond with cantilevered headers, on the south façade.
Fig. 17, right: Example of 叠涩 *die-se*, layered brick corbel.

Fig. 16, à gauche: 出挑 *chu-tiao*, appareillage flamand avec boutisses en sailli.
Fig. 17, à droite: 叠涩 *die-se*, encorbellement à redans.

Fig. 18: The MdC construction site, July 2022: a worker assembling bricks.

Fig. 18: Chantier de la MdC, juillet 2022. Un ouvrier assemblant des briques.

original place of signification, echoes Vittorio Gregotti's explanation of the contemporary paradigm of our practice: "The job of the ancient architects was, in essence, to transform materials into architectural entities by putting them together. Our task is the more modest one of assembling pre-signified products, attempting to have them take on new meaning by working on their disunity or seeking a common ground of connection among them."[15] In other words, in the reality of contemporary industrial production and international transport, the provenance of materials has become immaterial for their capacity to generate meaning. That provenance remains crucial only inasmuch as it affects the energy embodied in the final element and its carbon footprint — in this case, justifying the recourse to a German-made facsimile of a Beijing-style brick.

FCJZ's choice of irregular brick that seems artisanal should also be situated within the context of modernism, specifically of student dormitories which architect Yung Ho Chang knows well through his tenure at the Massachusetts Institute of Technology. One has in mind Alvar Aalto's Baker House Senior Dormitory (1947–49), with its sinuous plan and zigzagging stairs—forms one finds at

maçonneries chinoises préindustrielles: 顺 砌 *shun-qi* – un appareillage en panneresses; 镂 空 *lòu-kōng* – un assemblage en treillis à doubles rangées de panneresses, sur la façade nord; 出 挑 *chu-tiao* – un appareillage flamand, avec des boutisses en porte-à-faux, et 叠 涩 *d ie-se* – un encorbellement à redans, sur la corniche supérieure (Figs. 14-17).

Les encorbellements *die-se* sont les seuls éléments de la construction à être préassemblés en modules avant d'être fixés à la corniche. Les autres briques ont toutes été posées à la main une à une (Fig. 18). Les architectes expliquent qu'ils ont insisté sur ce travail manuel afin de mettre en évidence le lien entre la main de l'artisan et le bâtiment et de dompter pour ainsi dire la dimension universelle de la production industrielle de briques[14]. Leur capacité à générer un sens précis par les différentes méthodes d'assemblage d'un produit manufacturé en série, loin du lieu qui lui a donné son sens originel, renvoie à la description que fait Vittorio Gregotti du paradigme contemporain de la pratique architecturale: « Le travail des anciens architectes consistait pour l'essentiel à transformer les matériaux en entités architecturales en les assemblant. Notre tâche est plus modeste et consiste à assembler des produits pré-signifiés pour essayer de leur faire prendre un nouveau sens en travaillant sur leur désunion ou en cherchant un terrain commun d'entente entre eux[15]. » En d'autres termes, l'origine des matériaux n'importe plus autant pour leur capacité à générer du sens dans la réalité de la production industrielle contemporaine. Néanmoins, on peut imaginer qu'elle reste déterminante pour la quantité d'énergie intrinsèque du produit final et son empreinte carbone – ce qui justifie ici le recours à une imitation de la brique pékinoise fabriquée en Allemagne.

Le choix par FCJZ de briques irrégulières d'apparence artisanale doit aussi être resitué dans le contexte du modernisme, et plus spécialement des résidences universitaires – que l'architecte Yung Ho Chang connaît bien du fait de ses fonctions dans le passé au Massachusetts Institute of Technology. On pense à la résidence Baker House d'Alvar Aalto (1947-1949) son plan sinueux et ses escaliers en zigzag – une forme qu'on retrouve à la MdC – mais aussi à la Hill College House d'Eero Saarinen à l'université de Pennsylvanie (1956), dont l'apparence de forteresse ne laisse en rien deviner son atrium à éclairage naturel. Ces deux exemples viennent étayer le propos de Gregotti sur la production de signification par l'assemblage, dans la mesure où les architectes scandinaves ont insisté à ce que les briques surcuites et irrégulières ne soient pas rejetées

the MdC—but also Eero Saarinen's Hill College House at the University of Pennsylvania (1956), where the fort-like appearance does not betray the surprise of its inner daylit atrium. Both cases also demonstrate Gregotti's point about the generation of meaning through assembly, inasmuch as warped overburnt bricks have not been rejected as they would in industrial production lines, but rather inserted strategically into the outer surface to break its monotony. Thus, these envelopes express the imperfections of the material's artisanal production, against the soulless mechanized products. The MdC's uneven bricks, too, celebrate the asperities that result from their manufacturing, albeit one of mass customization.

And the *millefeuille* of meanings of brick is not yet complete. As in France and England, in twentieth-century China bricks were

Fig. 19, left: Illustration in *Introduction to Su Changyou's Bricklaying Techniques* (*Su Changyou qizhuan fa jieshao* 苏长有砌砖法介绍), 1952. Northeast People's Publishing (*Dongbei Renmin Chubanshe* 东北人民出版社).

Fig. 20, right: Hebei Province's 1961 factory and mine workers' housing general plan, with exposed brick walls, in the architectural journal *Jianzhu Xuebao 1961 / vol. 6*.

Fig. 19, à gauche: Illustration dans *Introduction aux techniques de maçonnerie de Su Changyou (Su Changyou qizhuan fa jieshao* 苏长有砌砖法介绍), 1952. Northeast People's Publishing (*Dongbei Renmin Chubanshe* 东北人民出版社).

Fig. 20, à droite: Vue générale des logements d'ouvriers et de mineurs aux murs de briques apparentes dans la province de Hebei en 1961, parue dans la revue d'architecture *Jianzhu Xuebao* n° 6, 1961.

associated with the working class, but also with modernization in the 1960's and 70's when the government launched numerous housing and public projects that employed brick (Figs.19–20). Makeshift kilns built in many urban centers allowed citizens to contribute to the collective construction effort and to improve their own homes. Cole Roskam argues that "brick was an important ideological component to the development of socialist China," and reminds us that, for some, bricklaying became a chore.[16] The astrophysicist Fang Lizhi 方励之 (1936–2012), for example, described his punishment during those years: "They were asking us to use a 2,000-year-old method of firing bricks to fire up China's modernization."[17] Thus, the MdC's brick masonry may be inscribed for some within the PRC's recent history and linked to the ongoing project of building a modern nation, on par with the capitalist world.

Meanwhile, if in the early decades of the People's Republic bricks were not used as cladding, the MdC's walls are stratified. Nor do the bricks serve the climatic function of the thick walls of preindustrial China, but rather as a thin dressing over a layer of insulation atop the inner concrete layer. The north and south elevations respond to climate through their different apertures and surface modulation. On the north, the brick

comme elles le seraient habituellement, mais insérées à des endroits stratégiques de la surface extérieure pour en briser la monotonie. Les enveloppes de ces bâtiments expriment ainsi l'imperfection de la production artisanale par rapport à la production mécanique dénuée d'âme. Les briques irrégulières de la MdC elles aussi célèbrent les aspérités qui résultent de leur fabrication, même si c'est une fabrication de masse sur mesure.

Et le mille-feuille de significations n'est pas encore complet. Comme en France et en Angleterre, dans la Chine du XXᵉ siècle les briques ont été associées à la classe ouvrière, mais aussi à la modernisation dans les années 1960 et 1970 lorsque le gouvernement a lancé de nombreux projets d'habitat publics en briques (Figs. 19-20). Des fours de fortune construits dans bon nombre de centres urbains permettent alors aux citoyens de contribuer à l'effort collectif de construction tout en améliorant leur logement. L'historien de l'architecture à l'université de Hong Kong Cole Roskman explique que «la brique a été un élément idéologique important pour le développement de la Chine socialiste» et rappelle que la maçonnerie est devenue une corvée pour certains[16]. Il cite l'astrophysicien Fang Lizhi 方励之 (1936-2012), qui raconte notamment le châtiment qu'il a subi ces années-là : « Ils nous demandaient d'utiliser une méthode de cuisson des briques vieille de 2000 ans pour accélérer la modernisation de la Chine[17]. » La maçonnerie en briques de la MdC pourrait donc s'inscrire aussi

Fig. 21: Details of the MdC north wall in plan.
Fig. 21: MdC - détail (plan) du mur nord.

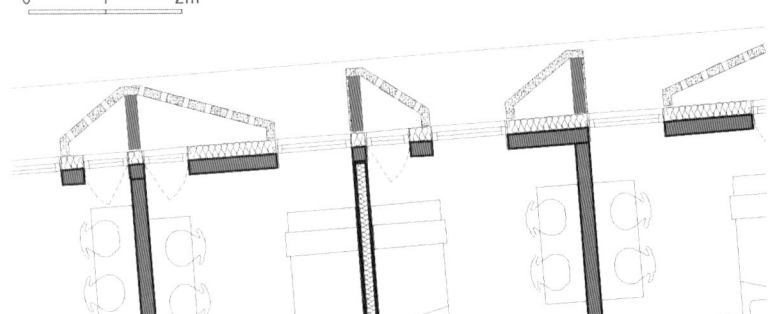

dans l'histoire récente de la République populaire de Chine et être associée au projet en cours de construction d'une nation moderne qui n'aurait rien à envier au monde capitaliste.

Mais si les briques n'étaient pas utilisées en parement dans les premières décennies de la République populaire, les murs de la MdC, eux, sont stratifiés et les briques ne remplissent pas non plus la fonction climatique des murs épais de la Chine préindustrielle. Elles habillent d'une fine épaisseur une couche isolante au-dessus de la structure en béton. Les façades nord et sud sont adaptées au climat par leurs ouvertures et surfaces différentes. Côté nord, les briques sont décollées de la couche isolante pour former des loggias étroites, le treillis maçonné de type *lòukōng* permet la ventilation naturelle, tout en rappelant certains détails des demeures des lettrés chinois à Suzhou (Figs. 21-24); côté sud, face au périf, des doubles fenêtres à double vitrage garantissent une parfaite isolation acoustique et thermique. Cette façade ne semble à première vue pas aussi détaillée que la façade nord, peut-être parce qu'elle est destinée à être aperçue en mouvement depuis les voitures qui passent sur la voie rapide (Fig. 25). Mais en réalité, la juxtaposition des surfaces vitrées et des briques a été détaillée avec soin. Les meneaux encastrés donnent aux fenêtres une apparence abstraites dont la transparence et la réflectivité varient au cours de la journée. Aussi, les champs des briques biseautées les libèrent de leur connotation porteuse (Figs. 26-27).

Fig. 22, left: The MdC *lòu-kōng*-like brick lattice in a north-facing loggia.
Fig. 23, right: The Peony Study, Master of the Nets Garden, Suzhou, Jiangsu Province, China. The scholar's study room with a lattice window that gives onto a pocket garden.

Fig. 22, à gauche: MdC – treillis de briques de type *lòu-kōng* dans une loggia face au nord.
Fig. 23, à droite: Pavillon des pivoines, Jardin du Maître des filets, Suzhou, province de Jiangsu, Chine. Salle d'étude de l'érudit avec une fenêtre treillissée donnant sur un jardin de poche.

is delaminated from the insulation to form slender loggias. The *lòu-kōng*-like lattices function as ventilation screens while connoting details from Chinese scholars' residences (Figs. 21–24). On the south side facing the *périf*, a system of double, double-glazed windows cum cavity ensures optimal acoustic and thermal insulation. At first glance, this elevation seems less articulated than the north one, perhaps since it is meant to be seen in movement, from cars passing on the highway (Fig. 25). But in fact the juxtaposition of glazed surfaces and brick is carefully detailed. The recessed mullions dissociate the windows from traditional connotations, turning them into abstract planes that change in transparency and reflectivity throughout the day; and the beveled brick edges relieve them from the load-bearing connotation (Figs. 26–27).

Fig. 24, top: The MdC north elevation: a landscape created out of folded *lòu-kōng*-like lattices.

Fig. 25, bottom: TheMdC south elevation seen from a car riding on the *périphérique*.

Fig. 24, en haut: Façade nord de la MdC – un paysage créé par les treillis maçonnés de type *lòu-kōng*.

Fig. 25, en bas: Façade sud de la MdC vue depuis une voiture sur le Périphérique.

Fig. 26, left: Details of the MdC south wall in plan.
Fig. 27, right: Detail of the MdC south elevation window and beveled brick.

Fig. 26, à gauche: MdC – détail (plan) du mur sud.
Fig. 27, à droite: MdC – détail d'une fenêtre de la façade sud et brique biseautée.

En réinterprétant les typologies urbaines et rurales française et chinoise, ainsi qu'en choisissant un matériau ancien inhérent aux cultures de construction pékinoise et parisienne, les architectes ont réussi ce que peu de créateurs de la Cité ont seulement tenté : construire un bâtiment qui conservera sa force d'évocation pendant les années à venir. Pour cela, ils ont évité de céder aux modes en matière de technologie qui seraient rapidement dépassées et ont réaffirmé la force d'expression de la brique à l'ère post-industrielle. Le « jardin » obtenu noue des liens harmonieux avec plusieurs dimensions de son milieu construit et historique, entrelaçant différentes histoires pour former un récit riche et cohérent. Ses assemblages et ses brèches favoriseront sans aucun doute les rapports entre étudiants d'horizons différents et fourniront un nouveau terrain aux échanges culturels dans l'esprit des valeurs fondatrices de la Cité.

In sum, by reinterpreting urban and rural typologies from France and China, and by using an ancient material inscribed in the material cultures of both China and Paris, the architects have succeeded in what few designers at the Cité have even attempted: creating a building that would remain evocative for years to come. They have done so by avoiding technological fads that would quickly become dated, while creatively reaffirming the expressive power of brick in a post-industrial age. The resulting "garden" forges a harmonious relationship with many dimensions of its built and historic milieux, interlacing different stories into a coherent narrative. Its bricks will surely foster bonds between students from many horizons and constitute new grounds for cultural exchanges in the spirit of the Cité's foundational values.

Notes

1. See Jean-Louis Cohen and André Lortie (eds.), *Des fortifs au périf*, Paris: Pavillon de l'Arsenal, 2021: 45–46.
2. Le Corbusier, *Des canons, des munitions? Merci! des logis… SVP*, Boulogne sur Seine: Ed de l'Architecture d'aujourd'hui, 1938: 52.
3. See: https://www.ciup.fr/en/the-maison-de-la-chine-jardin-de-lharmonie/ (accessed Sept. 2, 2023).
4. Nancy Shatzman Steinhardt, *Chinese Architecture: A History*, Princeton: Princeton University Press, 2019: 310.
5. Hanmin Huang, *Fujian's Tulou: A Treasure of Chinese Traditional Civilian Residence*, Singapore: Springer, 2020: 213.
6. See Yung Ho Chang's essay in this volume.
7. Alexandra Bitmignon, Pascale Dejean, and Ariel Genadt, *La Cité internationale universitaire de Paris—Architectures paysagées*, Paris: l'Œil d'Or, 2010: 23.
8. Anthony Vidler, "Another Brick in the Wall," *October 136* (Spring 2011): 105–132.
9. James W. P. Campbell, *Brick: A World History*, London: Thames & Hudson, 2003: 170–171.
10. Pierre-Louis Faloci: *Histoire sourde du lieu, Leçon inaugurale de l'Ecole de Chaillot, 20 novembre 2006*. Paris: Cité de l'architecture du patrimoine., 2008.
11. See: https://www.ciup.fr/en/cite-2025-a-major-urban-and-landscaping-project/ (accessed Sept. 4, 2023).
12. Yung Ho Chang in conversation with the author, July 2023.
13. Campbell, *Brick:* 92.
14. Yung Ho Chang in conversation with the author, August 2023.
15. Vittorio Gregotti, *Architecture, Means and Ends*, Chicago: University of Chicago Press, 2010: 107.
16. Cole Roskam, "Bricks (砖)" *The Mao Era in Objects*, https://maoeraobjects.ac.uk/object-biographies/bricks/ (accessed Sept. 2, 2023).
17. Fang Lizhi, *The Most Wanted Man in China: My Journey from Scientist to Enemy of the State*, New York: Henry Holt and Company, 2016: 153.

1. Voir Jean-Louis Cohen et André Lortie (dir.), *Des fortifs au périf*, Pavillon de l'Arsenal, Paris 2021, p. 45-46.
2. Le Corbusier, « Volonté » in *Des canons, des munitions ? Merci ! des logis… SVP !*, Boulogne sur Seine, Éditions de l'architecture d'aujourd'hui, Boulogne-sur-Seine 1938, p. 52.
3. https://www.ciup.fr/en/the-maison-de-la-chine-jardin-de-lharmonie. Consulté le : 02.09.2023.
4. Nancy Shatzman Steinhardt, *Chinese Architecture: A History*, Princeton University Press, Princeton 2019, p. 310.
5. Hanmin Huang, *Fujian's Tulou: A Treasure of Chinese Traditional Civilian Residence,* Springer Singapore, Singapour 2020, p. 213.
6. Voir l'essai de Yung Ho Chang dans ce livre.
7. Alexandra Bitmignon, Pascale Dejean et Ariel Genadt, *La Cité internationale universitaire de Paris – Architectures paysagées*, Éditions l'Œil d'Or, Paris 2010, p. 23.
8. Anthony Vidler, « Another Brick in the Wall », in *October*, Cambridge, n° 136, printemps 2011, p. 105-132.
9. James W. P. Campbell, *Brick: A World History*, Thames & Hudson, Londres 2003, p. 170–171.
10. Pierre-Louis Faloci, *Histoire sourde du lieu. Leçon inaugurale de l'Ecole de Chaillot, 20 Novembre 2006*, Paris, Cité de l'architecture et du patrimoine, 2008, p.19.
11. https://www.ciup.fr/cite-2025-un-grand-projet-urbain-et-paysager. Consulté le : 04.09.2023.
12. Propos de Yung Ho Chang en conversation avec l'auteur, juillet 2023.
13. James W. P. Campbell, *op. cit.*, p. 92.
14. Propos de Yung Ho Chang en conversation avec l'auteur, août 2023.
15. Vittorio Gregotti, *Architecture, Means and Ends*, University of Chicago Press, Chicago 2010, p. 107.
16. Cole Roskam, « Bricks (砖) », in *The Mao Era in Objects,* https://maoeraobjects.ac.uk/object-biographies/bricks. Consulté le : 02.09.2023.
17. Fang Lizhi, *The Most Wanted Man in China: My Journey from Scientist to Enemy of the State*, Henry Holt and Company, New York 2016, p. 153.

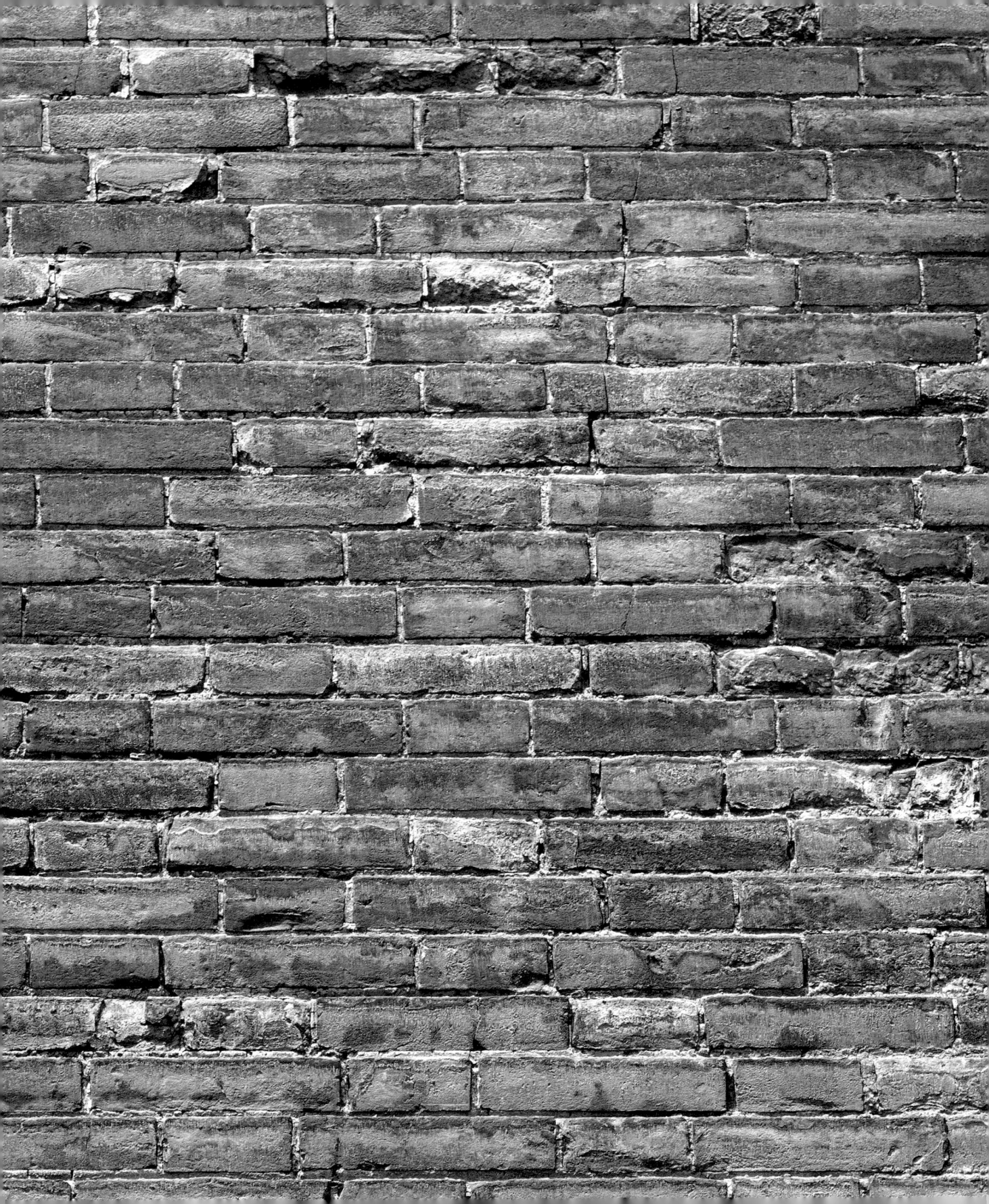

MAISON de la CHINE

MAISON de la CHINE

Yung Ho Chang

Founding Partner and Principal Architect,
Atelier Feichang Jianzhu (FCJZ)
Professor Emeritus MIT

Yung Ho Chang

Partenaire fondateur et architecte en chef,
Atelier Feichang Jianzhu (FCJZ)
Professeur émérite MIT

Fig. 1: The distribution of dormitory buildings in the CIUP.
Fig. 1: Répartition des résidences étudiantes de la CIUP.

Un musée d'architecture vivant

La Maison de la Chine – House of China en anglais, officiellement connue sous le nom de Fondation de Chine – est l'une des plus récentes résidences étudiantes qui portent le nom d'une nation ou d'une région à la Cité internationale universitaire de Paris (CIUP), dans le 14ᵉ arrondissement. Cette dernière a été créée en 1921 dans le but de fournir un logement et d'autres services aux étudiants, avant tout étrangers. Aujourd'hui, la CIUP dispose d'une quarantaine de bâtiments d'habitation, dont la moitié environ sont des maisons nationales, ce qui a donné naissance à la tradition pour un pays d'afficher son architecture nationale – certaines des maisons sont explicitement

A living architectural museum

The Maison de la Chine, or the House of China in English, and officially known as the Fondation de Chine, is one of the latest additions to the series of dormitories named after a nation or region in the Cité internationale universitaire de Paris (CIUP) in the 14th arrondissement of Paris. The entity was established in 1921 to provide housing along with other amenities primarily to international students. The CIUP has today more than forty living quarters with approximately half of that number being national houses. These have subsequently developed a custom for a country to showcase the architecture of its own, some explicitly vernacular or traditional and others unequivocally modern. With a reputation for its remarkable collection of buildings, the university city campus attracts visitors either in the field of or interested in architecture from all over the world to witness the evolution of global architecture in the past one hundred years in one place (Fig. 1).

Fig. 2: Yu Ping-Lih (1895–1945)

Fig. 2: Yu Ping-Lih (1895-1945).

A long-awaited home away from home

The exact year is unknown, but possibly in 1928, the CIUP had allocated a piece of land to China, free of charge, as was typical. No information about the location, size, configuration, and so on, for that site is available to us today. In the following year, an Association for the Realization of the Maison chinoise in the Cité universitaire of Paris was organized by Chinese students from five universities in the French capital, including the Ecole des Beaux Arts, which published a manifesto arguing the cultural significance and practical necessity of such a house bearing the name of the nation in the CIUP and pleading the Chinese government of the time to fund the project—but without success. Among those who drafted the manifesto was an architecture student who had recently graduated from the school of architecture in Lyons, Yu Ping-Lih (Fig. 2).

Yu's Maison Chinoise: Chinese-ness through decoration

In 1929, Yu chose to design a Maison chinoise for the CIUP as his governmental architect diploma project with Professor Tony Garnier as his advisor. A master plan is missing from the set of the remaining architectural drawings for his design. Yu's biographer, Professor Hou Youbin at China's Harbin Institute of Technology, suspected that the building site might be along Boulevard

vernaculaires ou traditionnelles, d'autres indéniablement modernes. Réputé pour son remarquable ensemble architectural, le campus de la Cité universitaire attire les visiteurs du monde entier concernés ou intéressés par l'architecture et témoigne de l'évolution de l'architecture mondiale depuis un siècle à un endroit (Fig. 1).

Une maison très attendue bien loin de chez soi

On ne connaît pas l'année exacte mais c'est sans doute en 1928 que la CIUP a alloué gratuitement une parcelle à la Chine comme c'était l'usage. Nous ne disposons d'aucune information sur l'emplacement, la taille, la configuration, etc. du site. L'année suivante, une Association pour la réalisation de la Maison chinoise à la Cité universitaire de Paris est mise en place par des étudiants chinois de cinq universités parisiennes, parmi lesquelles l'École des beaux-arts, et publie un manifeste exprimant l'importance culturelle et la nécessité pratique d'une maison qui porte le nom de leur pays à la CIUP. Ils implorent sans succès le gouvernement chinois de l'époque de financer le projet. Parmi les rédacteurs du manifeste, on trouve un étudiant en architecture récemment diplômé de l'école d'architecture de Lyon, Yu Ping-Lih (Fig. 2).

La Maison chinoise de Yu : chinoise par sa décoration

En 1929, Yu Ping-Lih décide de faire du projet de Maison chinoise à la CIUP l'objet de son travail de fin d'études pour obtenir son diplôme national d'architecte, sous la direction du professeur Tony Garnier. Il manque un plan directeur aux dessins d'architecture qui nous restent du projet. Le biographe de Yu Ping-Lih, le professeur Hou Youbin de l'Institut de technologie de Harbin, suppose que le bâtiment devait être situé sur le boulevard Jourdan car l'entrée principale est face au nord sur le plan du rez-de-chaussée. En l'absence de maître d'ouvrage j'ai tendance à penser que Yu Ping-Lih a élaboré lui-même le dossier du cahier des charges, probablement à partir d'une étude de certaines des résidences étudiantes déjà construites. Ce qui est remarquable dans cette histoire c'est que, malgré la centaine d'années qui les sépare, le projet de Maison chinoise de Yu Ping-Lih présente de nombreuses similitudes avec notre projet en ce qui concerne les services offerts, la taille et la configuration générale en dépit de son style éclectique : elle se propose de loger plus de 300 étudiants dans des chambres pour la plupart individuelles et d'accueillir des espaces communs tels qu'une salle polyvalente, une cour close sur trois côtés

Fig. 3: Aerial view of the Maison chinoise, designed by Yu Ping-Lih.
Fig. 3: La Maison chinoise conçue par Yu Ping-Lih, vue aérienne.

Jourdan, because the main entrance on his ground floor plan was facing north. Since Yu did not have a client, I am tempted to assume that Yu produced a design brief himself, likely based on a study of some of the built dormitories. What is remarkable is that, although nearly one hundred years apart, Yu's Maison chinoise scheme shared a number of similarities with our design in terms of programs, size, and overall layout, in spite of its eclectic style: it proposed to accommodate more than 300 students in mostly single-occupancy rooms and to provide public spaces such as a multifunctional hall, a courtyard enclosed on three sides, and a roof garden, and had seven stories plus a half-basement. Yu constructed a Chinese architectural identity mainly through decorative elements, including traditional pavilions and pergolas on the rooftop and in the garden, as well as various treatments of eaves.

Yu's drawings are now kept in the archive of Southeast University in Nanjing (Figs. 3–7).

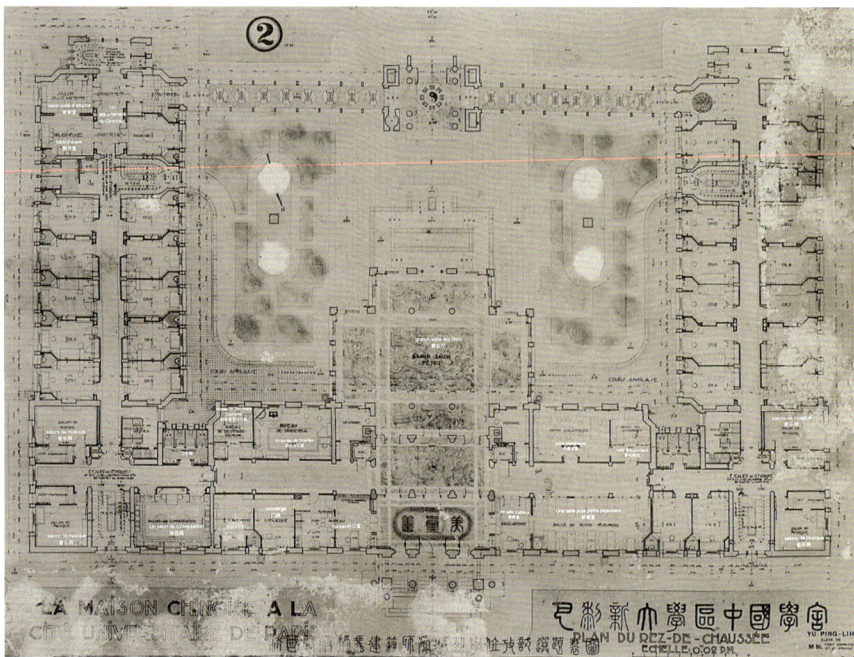

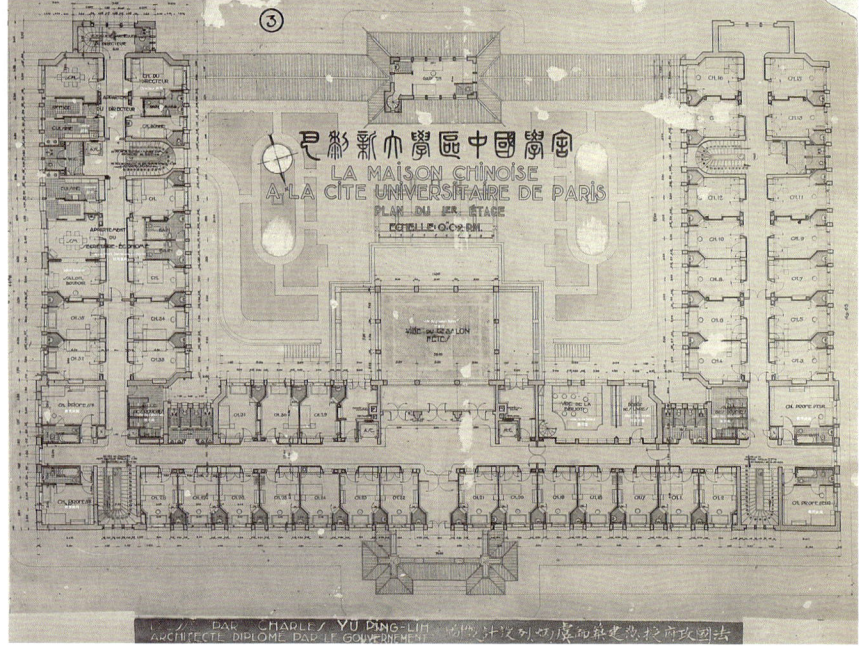

Fig. 4: Maison chinoise designed by Yu Ping-Lih, ground floor plan.
Fig. 5: Maison chinoise designed by Yu Ping-Lih, typical floor plan.

Fig. 4: La Maison chinoise conçue par Yu Ping-Lih, plan du rez-de-chaussée.
Fig. 5: La Maison chinoise conçue par Yu Ping-Lih, plan d'étage type.

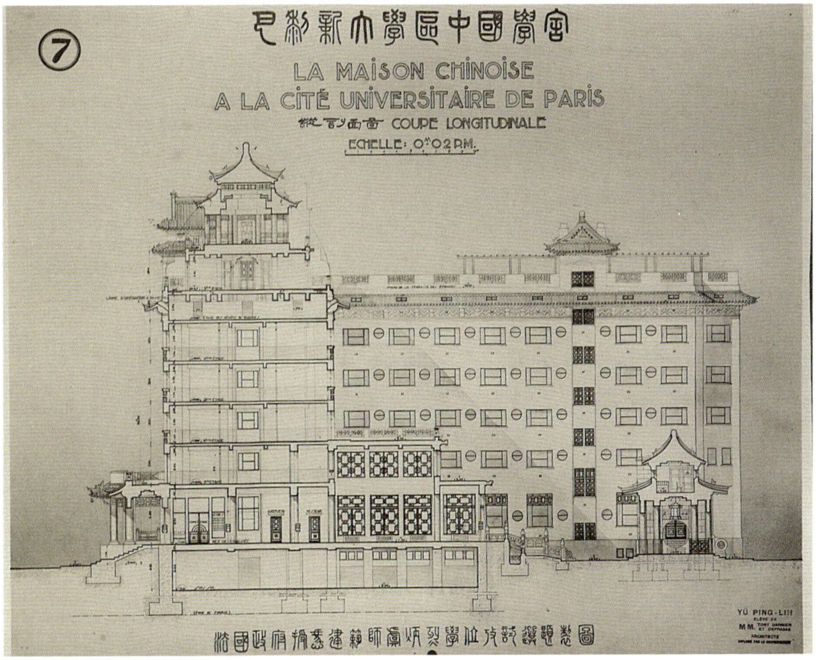

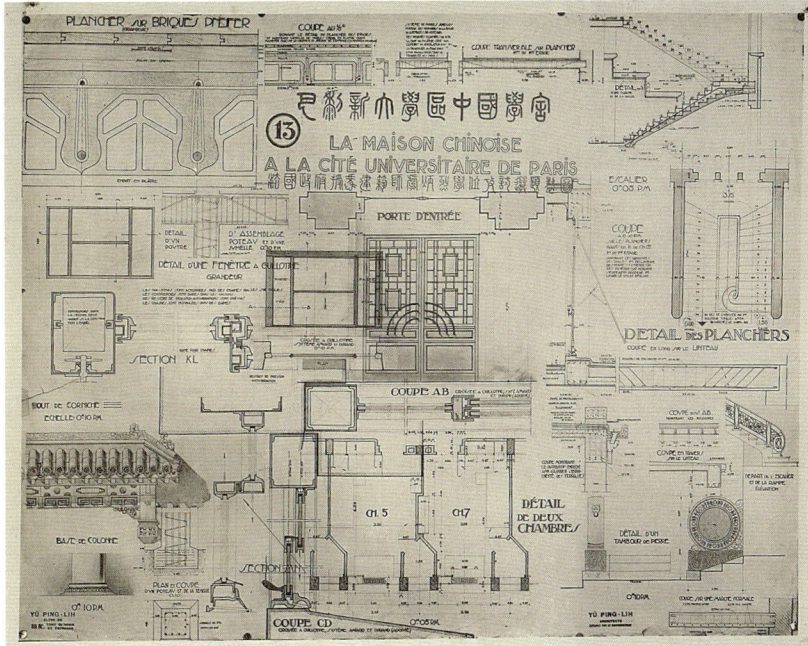

Fig. 6: Maison chinoise designed by Yu Ping-Lih, section.
Fig. 7: Maison chinoise designed by Yu Ping-Lih, details.

Fig. 6: La Maison chinoise conçue par Yu Ping-Lih, coupe longitudinale.
Fig. 7: La Maison chinoise conçue par Yu Ping-Lih, détails.

 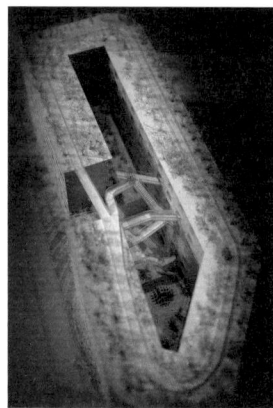

Fig. 8: Model of the north façade and garden.
Fig. 8: Maquette de la façade nord et du jardin.

A project launched at last

In 2017, an architectural design competition was held for the Maison de la Chine. The submission of FCJZ in collaboration with Coldefy (then CAAU) was selected as the winning proposal from a group of suggestions put forward by the five Sino-French teams who had entered the final round (Fig. 8).

A name in Chinese for the House of China

The Chinese name of the project on Yu's diploma drawings from 1929 was Zhongguo Xueshe, meaning Student Dormitory of China. The Chinese name currently in use is Zhongguo zhi Jia, which corresponds to Maison de la Chine, thus conveying the notion of either House or Home of China, since *jia* could mean both. Upon approving our design, the client also gave the building a poetic nickname, He Yuan, meaning Garden of Harmony/Peace, which is now inscribed on the wall next to the entrance on a specially made brick tablet.

et un jardin sur le toit, et elle possède sept étages et un demi sous-sol. Yu Ping-Lih a surtout utilisé les éléments décoratifs pour créer une identité architecturale chinoise, notamment des pavillons traditionnels et des pergolas sur le toit et dans le jardin, ainsi que des avant-toits de formes différentes.

Les dessins de Yu Ping-Lih sont aujourd'hui conservés aux archives de l'Université du Sud-Est à Nankin (Figs. 3–7).

Le projet enfin lancé

En 2017, un concours d'architecture est organisé pour la Maison de la Chine. Le projet présenté par FCJZ en collaboration avec Coldefy (alors CAAU) est déclaré vainqueur d'un ensemble de propositions par les cinq équipes franco-chinoises retenues pour la dernière sélection (Fig. 8).

Un nom chinois pour la Maison de la Chine

Le nom chinois du projet qui figure sur les croquis du travail de fin d'études de Yu Ping-Lih en 1929 est *Zhongguo Xueshe*, ce qui signifie « résidence étudiante de la Chine ». Un autre nom chinois est aujourd'hui utilisé, *Zhongguo zhi Jia*, qui équivaut à « Maison de la Chine » et rend à la fois la notion de maison et de foyer, puisque *jia* peut signifier les deux. Après avoir approuvé le projet, le client lui a aussi donné un nom plus poétique, *He yuan* ou Jardin de la paix et de l'harmonie, qui figure désormais sur le mur près de l'entrée, inscrit sur une plaque de brique spécialement réalisée.

Un terrain bien délimité

Le nouveau terrain alloué pour la Maison de la Chine occupe une parcelle plutôt étroite à l'extrémité sud du campus de la CIUP, au centre de trois lopins libérés ces dernières années suite au retrait des pistes de course du Stade Ouest, dont il ne reste presque qu'un terrain de foot. Cette histoire particulière est encore présente sous la forme de deux réverbères au nord et deux panneaux d'affichage au sud, très proches de l'enveloppe du bâtiment. La Maison de la Chine a pour voisines le pavillon Habib Bourguiba de la Maison de Tunisie à l'est et la Maison des étudiants de la francophonie à l'ouest. Le côté sud de l'édifice touche la clôture du campus de la CIUP que borde le Boulevard périphérique de l'autre côté.

A tight site

The new site for the Maison de la Chine occupies a rather narrow piece of land on the south edge of the CIUP campus, which is the middle one of three lots created in recent years by removing the running tracks from the Stade Ouest or the West Sports Ground, which is now essentially a soccer field. The particular history of this land parcel leaves two lighting posts on the north side and two billboards on the south, which are very close to the building envelope. The Maison de la Chine is flanked by the Maison de la Tunisie, Pavillon Habib Bourguiba on the east and the Maison des Etudiants de la Francophonie on the west. The south side of the building is bordered immediately by the fence of the CIUP campus, and thus by the Boulevard périphérique (the ring road) on the other side.

Two precedents

Our design process began with a study of the spatial organization of a typical dormitory, namely the aggregation of a standard unit, which more than often results in a double-loaded corridor and was the main circulatory device in the floor plans of Yu's Maison chinoise. Because of the dark, monotonous, and antisocial nature of the central passageway, we decided early on that the spatial model of the double-loaded corridor was not viable and sought alternative for solutions with single-loaded circulation. For that, we did not need to look far at all: Le Corbusier's Pavillon suisse is a fine example. Due to the size of our project, we also expanded our search to relevant building types of such collective housing, which took us back to China: tulou, or earth building, is a form of residential complex for an extended family, which may accommodate a population in the hundreds.

- Pavillon suisse (Fig. 9)

Le Corbusier's design is centered on the idea of healthy living, around which natural light and ventilation play major roles. In

Fig. 9, left: Pavillon suisse by Le Corbusier.
Fig. 10, right: Tulou in Southern China.

Fig. 9, à gauche: Pavillon suisse par Le Corbusier.
Fig. 10, à droite: Tulou dans le Sud de la Chine.

the Pavillon suisse, daylight is made available in all spaces, including the passage to the rooms on each floor, which thus has to be a single-loaded corridor in order to have a series of windows on one side.

- Tulou (Fig. 10)

The outer wall of a tulou is constructed with rammed earth, which not only lends the structure its name but also its basic geometrical configuration. They are mostly round and sometimes square, because technically a rammed earth enclosure wall, ranging from 1 to 2.5 meters in thickness, works best with a simple floor plan. For that reason, tulou are also referred to as Dayuanlou, or "big round buildings." Tulou with complex geometries do exist, often due to site constraints. Against the inner side of the heavy earth wall is a timber frame with single-loaded circulation facing the center. The peripheral building of a tulou has typically three to four stories and defines a large courtyard in the middle that is occupied by one –to two-story communal facilities, from family temple to pigsty.

We also looked into a third precedent for our design: the peripheral blocks for Paris proposed by Haussmann, especially the ones on

Deux précédents

La conception du projet a commencé par une étude de l'organisation spatiale d'une résidence étudiante typique, à savoir une unité standard presque toujours regroupée autour d'un couloir, qui constitue aussi le principal axe de circulation sur les plans au sol de la Maison chinoise de Yu Ping-Lih. Du fait de la nature obscure, monotone et antisociale de cette voie centrale, nous avons décidé très tôt que ce modèle de couloir n'était pas viable et cherché des alternatives avec un axe de circulation ouvert d'un seul côté. Nous n'avons pas cherché bien loin : le Pavillon suisse du Corbusier est un parfait exemple. En raison de la taille de notre projet, nous avons élargi notre recherche à d'autres types pertinents d'habitat collectif, ce qui nous a ramené en Chine : le tulou ou « construction en terre » est un complexe résidentiel destiné à accueillir une famille élargie, ce qui peut représenter une centaine de personnes.

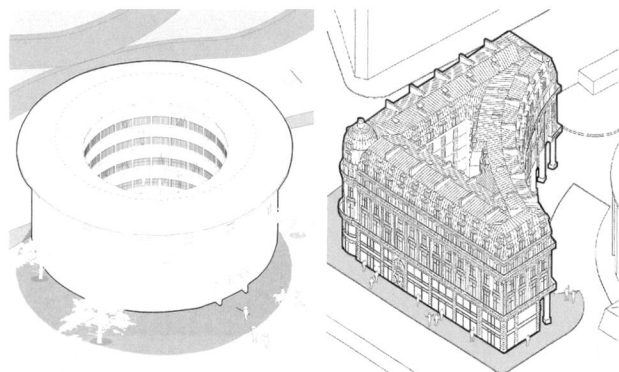

Fig. 11: Comparison between a tulou and a Haussmann block.
Fig. 11: Comparaison d'un tulou et d'un îlot de Haussmann.

- Pavillon suisse (Fig. 9)

Le projet de Le Corbusier est centré sur l'idée de vie saine qui fait une place importante à la lumière naturelle et à la ventilation. Dans le Pavillon suisse, la lumière du jour pénètre dans tous les espaces, y compris le couloir d'accès aux chambres à chaque étage – qui doit donc être un couloir à charge simple afin de pouvoir disposer de fenêtres d'un côté.

- Tulou (Fig. 10)

Le mur extérieur d'un tulou est construit en pisé, un matériau qui donne son nom au bâtiment, mais aussi sa forme géométrique de base, le plus souvent ronde, parfois carrée, car les murs d'enceinte en pisé de 1 à 2,5 mètres d'épaisseur fonctionnent techniquement mieux avec un plan au sol simple. Pour cette raison, le tulou est aussi connu sous le nom de *dayuanlou* ou « grand bâtiment rond ». On trouve des tulous à géométries plus complexes, souvent du fait de contraintes liées au terrain. Du côté intérieur de l'épais mur de terre, une galerie en bois donne sur le centre. La construction périphérique présente le plus souvent 3 ou

irregular sites. However, due to the lack of a structured fabric on the campus of the CIUP, it is considered not as significant as a reference compared to the other two (Fig. 11).

Space and material with cultural DNA

In numerous projects at FCJZ, we have researched and experimented with both a specific space and a specific material, i.e. courtyard and brick. Although both courtyard and brick are universal, our departure point is set in the specific siheyuan, or four-sided courtyard house, and the gray-colored clay brick in Beijing, where I was born, grew up, and am still based in, which makes the two projects to some extent personal.

- Courtyard

I lived in a siheyuan in Beijing from birth until I was thirteen years old. With a piece of sky above and a piece of earth below, a well-defined space such as the four-sided courtyard places an inhabitant in the center of his/her own universe, from a philosophical perspective (Fig. 12). Pragmatically, the courtyard is

Fig. 12: A *siheyuan* in Beijing.
Fig. 12: *Siheyuan* à Beijing.

a living room without roof. For years, I have been trying in different ways to update this quintessential element of traditional Chinese architecture in the contemporary context:

Can a courtyard still be a courtyard with a roof put on?

Is it possible to make a courtyard contribute more to its inhabitants' daily life?

How to design a courtyard on a much larger scale without losing its intimate quality?

The following are some related FCJZ projects:

King's Joy, Beijing, 2012 (Fig. 13)

> While converting this siheyuan into a restaurant, we added a glass roof on one of the two courtyards and left the other one untouched.

Loop House, Beijing, 2022 (Fig. 14)

> Unlike the traditional siheyuan where separate rooms surround the courtyard, in this small house the living room wraps around the central outdoor space and forms a ring.

4 étages et donne forme à une vaste cour au centre, occupée par des équipements communautaires à 1 ou 2 étages, du temple familial à la porcherie.

Nous nous sommes aussi intéressés à un troisième précédent pour la conception de notre projet : les îlots périphériques imaginés par Haussmann à Paris, en particulier ceux qui occupent des terrains aux formes irrégulières. Cependant, en raison de l'absence de tissu urbain structuré sur le campus de la CIUP, ils ne constituent pas des références aussi significatives que les deux premières (Fig. 11).

ADN culturel spatial et matériel

À FCJZ, nous avons recherché et expérimenté un espace et un matériau spécifiques à travers de nombreux projets, à savoir la cour et la brique. Elles sont toutes les deux universelles, mais nous avons pris comme point de départ le *siheyuan* ou maison à cour intérieure de quatre côtés et la brique d'argile grise de Beijing, la ville où je suis né, où j'ai grandi et où je suis encore installé aujourd'hui, ce qui donne une touche plus personnelle aux deux projets.

• La cour

J'ai vécu dans un *siheyuan* à Beijing de ma naissance à mes 13 ans. Avec un morceau de ciel au-dessus et un morceau de terre en dessous, un espace aussi bien défini que la cour à quatre côtés place philosophiquement ses habitants au centre de leur propre univers (Fig. 12). Plus concrètement, la cour est un salon sans toit. Depuis des années, j'essaie de différentes manières d'adapter cet élément essentiel de l'architecture chinoise traditionnelle à des contextes contemporains :

Une cour peut-elle encore être une cour si on lui ajoute un toit ?

Peut-on faire qu'une cour contribue plus à la vie quotidienne de ses habitants ?

Comment créer une cour à beaucoup plus grande échelle sans perdre la qualité de son intimité ?

Ci-dessous, quelques projets correspondants de FCJZ :

King's Joy, Beijing, 2012 (Fig. 13)

> Pour transformer ce *siheyuan* en restaurant, nous avons ajouté un toit en verre à l'une des deux cours et avons laissé l'autre intacte.

Loop House, Beijing, 2022 (Fig. 14)

> À la différence des *siheyuan* traditionnels où des pièces séparées entourent la cour, le salon de cette petite maison se déploie autour de l'espace extérieur au centre et forme un anneau.

Fig. 13: King's Joy.
Fig. 13: King's Joy.

Fig. 14: Loop House.
Fig. 14: Loop House.

Fig. 15: EP Yaying Fashion and Arts Center.
Fig. 15: Centre EP Yaying de la mode et des arts.

EP Yaying Fashion and Arts Center, Jiaxing, Zhejiang, 2021 (Fig. 15)

    For this work/culture compound, we organized the pedestrian circulation through a courtyard on a much larger scale than the one for a typical house and included deep overhangs around all sides.

Brick

Brick is possibly the only building material that is directly related to the size of a human hand and thus the human body. I acquired that knowledge by taking a test from my architect-father Zhang Kaiji in my student days and I also learned that brick is timeless by studying his brick buildings built in the 1930s. Although brick is omnipresent, traditional Chinese brick has a particular shade of gray and is called *qing-zhuan*, or blue brick, which people tend to identify with the architecture of China, especially with that of the city of Beijing. Today, we still use the Beijing gray bricks and much more, from fired clay bricks to cold-pressed concrete blocks, and borrow old layering techniques while cutting and flipping bricks in new ways (Fig. 16).

Centre EP Yaying de la mode et des arts, Jiaxing, Zhejiang, 2021 (Fig. 15)

    Pour ce complexe travail/culture, nous avons organisé la circulation dans la cour à une échelle beaucoup plus grande que pour une maison normale et avons ajouté des surplombs très bas de tous les côtés.

La brique

La brique est sans doute le seul matériau de construction en lien direct avec la taille d'une main humaine, et donc du corps humain. Je dois ma connaissance des briques à mon père architecte Zhang Kaiji pendant mes études et c'est aussi en étudiant ses bâtiments construits dans les années 1930 que j'ai appris à quel point la brique est intemporelle. Elle est omniprésente sous de multiples formes, mais la brique chinoise traditionnelle présente une teinte particulière de gris, elle est appelée *qing-zhuan* ou brique bleue et elle est souvent identifiée avec l'architecture chinoise, surtout celle de Beijing. Aujourd'hui, on utilise encore la brique grise de Beijing et beaucoup d'autres, des briques d'argile cuites aux blocs de béton pressé à froid, et on reprend des techniques de pose anciennes tout en trouvant de nouvelles manières de couper et de tourner les briques (Fig. 16).

Ci-dessous, quelques projets correspondants de FCJZ :

Fig. 16: Brick samples.

Fig. 16: Échantillons de briques.

Recherche : lycée Chongqing Nankai construit par l'architecte Zhang Kaiji en 1939 (Fig. 17)

Sur le même mur continu, la partie structurelle et la partie enceinte sont différenciées par leur épaisseur. On obtient ainsi un effet de relief qui rythme la façade du bâtiment.

Mini-bloc de Jiading, Shanghai, 2020 (Fig. 18)

Dans ce parc industriel, les briques d'argile grises sont utilisées pour donner de la profondeur aux façades au moyen d'assemblages, de perforations ou de brisures et pour apporter des variations aux 22 blocs de 40 x 40 mètres.

Kiosque en briques, Shenzhen, 2017 (Fig. 19)

Il s'agit d'une expérience pour assembler des briques d'argile avec des joints de mortier en béton armé afin d'obtenir de vastes avant-toits en porte-à-faux.

Centre communautaire de Nantou, Shenzhen, 2023 (Fig. 20)

Les blocs de béton pressé à froid ont été choisis comme matériau extérieur afin de fondre le bâtiment dans l'environnement urbain d'un village. De riches textures sur les façades sont produites par l'association de plusieurs techniques de construction : mélanger les blocs rouges et gris, couper les blocs en deux ou les poser verticalement pour rendre visibles le poinçonnement intérieur et varier les maçonneries.

Fig. 17: Chongqing Nankai High School by architect Zhang Kaiji, designed in 1939.
Fig. 17: Lycée Chongqing Nankai construit par l'architecte Zhang Kaiji en 1939.

The following are related FCJZ projects:

Research: Chongqing Nankai High School by architect Zhang Kaiji, designed in 1939 (Fig. 17)

On the same continuous wall, the structural section and enclosure section are differentiated by thickness. By doing so, a rhythmic relief effect is realized on the building façade.

Jiading Mini Block, Shanghai, 2020 (Fig. 18)

In this industrial park, gray clay bricks are used to create deep façades through layering, perforating, or folding and to develop variations for 22 40 x 40-meter blocks.

Brick Kiosk, Shenzhen, 2017 (Fig. 19)

This is an experiment in bonding clay bricks with reinforced concrete mortar joints to make large cantilevered eaves.

Nantou Community Center, Shenzhen, 2023 (Fig. 20)

Cold-pressed cement block is chosen as the exterior material to blend the building into the urban village context. Furthermore, rich textures on the elevation surfaces are produced through a series of construction techniques: mixing red and gray color blocks, cutting the blocks in half, or laying the blocks vertically to expose the inner punctures, as well as various bondings.

Fig. 18: Jiading Mini Block.
Fig. 18: Mini-bloc de Jiading.

Fig. 19: Brick Kiosk.
Fig. 19: Kiosque en briques.

 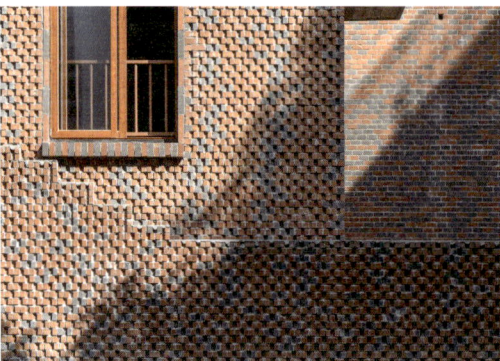

Fig. 20: Nantou Community Center.
Fig. 20: Centre communautaire de Nantou.

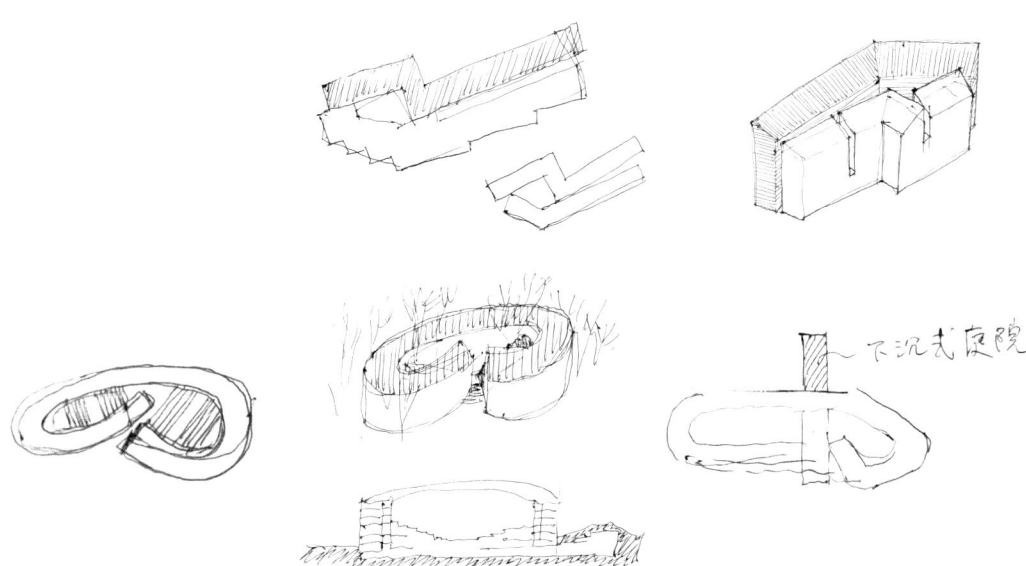

Vivre avec le paysage

Le cahier des charges de la Maison de la Chine exigeait 300 chambres individuelles et une salle de 500 places pour les activités culturelles. Au vu du site plutôt compact, nous avons réalisé dès le début que le volume du bâtiment serait considérable. Au lieu de reproduire 300 fois la même unité, nous avons d'abord imaginé un groupe d'éléments plus petits, un peu comme un village (Fig. 21). Mais après avoir examiné le Pavillon suisse et le tulou, l'idée initiale de village a été remplacée par une forme de boucle continue mais irrégulière, mieux adaptée au terrain, dans laquelle on pourrait tenter de voir le Pavillon suisse pivoté de manière à se rapprocher d'un tulou à mi-chemin. Le nombre d'étages a été fixé à 9 pour obtenir le nombre de chambres requis. À la différence du Pavillon suisse, la Maison de la Chine

Fig. 21, top: Sketches with the village as design concept by Yung Ho Chang.
Bottom: Sketches with Tulou as design concept by Yung Ho Chang.

Fig. 21, en haut: Croquis du concept « villageois » par Yung Ho Chang.
En bas : croquis du concept « tulou » par Yung Ho Chang.

Living with landscape

The design brief of the Maison de la Chine called for 300 single-occupancy rooms with a 500-person cultural activity hall. With the fairly compact site conditions, we realized at the beginning that this building would have a sizable volume. Instead of repeating the same unit 300 times, we started to imagine a cluster of smaller volumetric components or something like a village (Fig. 21). After examining the Pavillon suisse and tulou examples, the initial village idea was replaced by a continuous but irregular loop formation, in order to better fit onto the site, which was a design move that could be compared to bending the Pavillon suisse in such a manner that it meets a tulou halfway. The number of stories of the building was decided at nine to meet the quantity of rooms needed. Unlike the Pavillon suisse, the Maison de la Chine was anchored onto the ground to give gravity a clear expression. By then, the overall configuration of the building was settled.

Fig. 22: Two traditional Chinese brick bonds.
Fig. 22: Deux briques traditionnelles chinoises.

The organic ring generated from the layout strategy encircles an outdoor space, which the semi-outdoor public circulation on each floor wraps around. It does not resemble a siheyuan literally, but is a central courtyard or perhaps garden oriented vertically: vegetation is planted on the terraces on the lower levels as well as on the rooftop above. The Grand Paris Plan requires all new public buildings, including city-owned academic facilities, to have roof gardens. The Maison de la Chine seems to be the first one in the CIUP to implement a publicly accessible rooftop landscape. A staircase zigzagging through the central courtyard that links a series of platforms on different levels is an integral part of our response to the sustainable urbanism of Paris. In summary, we inherited Le Corbusier's idea of a healthy lifestyle and interpreted it by allowing student life to unfold in a pleasing natural environment.

Maison de la Chine: Chinese-ness through craft

As a national house, one of the design mandates is to express Chinese-ness through architecture. The spatial approach of a courtyard is one way of doing so, but something more visually legible is needed to bring the cultural accent to the fore. After much collective pondering and discussion, we chose to achieve a distinct genetic connection with Chinese culture in architecture through construction, not through style or image as in Yu's design of 1930. Gray clay bricks are deployed as the main material on the exterior

est ancrée dans le sol afin d'exprimer explicitement la gravité. La configuration générale était ainsi déterminée.

L'anneau organique ainsi généré encercle un espace extérieur autour duquel le passage public semi-extérieur s'enroule à chaque étage. Cela ne ressemble pas vraiment à un *siheyuan*, c'est une cour centrale, ou peut-être un jardin, orienté verticalement : les terrasses des niveaux inférieurs et le toit sont végétalisés. Le projet du Grand Paris exige de tous les nouveaux bâtiments publics, y compris les installations universitaires propriété de la ville, qu'ils plantent des jardins sur leur toit. La Maison de la Chine est sans doute la première de la CIUP à ouvrir un jardin paysager accessible au public sur son toit. Un escalier zigzague à travers la cour centrale pour relier une série de plates-formes à différents niveaux, il fait partie intégrante de notre réponse à l'urbanisme durable parisien. Pour résumer, nous avons hérité de Le Corbusier sa vision d'un style de vie sain et l'avons interprétée comme le moyen de permettre à la vie étudiante de se dérouler dans un cadre naturel agréable.

Maison de la Chine : chinoise par l'artisanat

Comme pour une maison nationale, l'une des missions consistait à exprimer l'identité chinoise à travers l'architecture. Le choix d'une cour est un moyen d'y parvenir, mais il fallait quelque chose de plus lisible visuellement pour mettre en évidence l'accent culturel. Après d'intenses réflexions communes et discussions, nous avons décidé d'utiliser la construction pour établir une relation génétique distincte avec la culture chinoise dans l'architecture, et non pas le style ou l'image comme dans le projet de Yu Ping-Lih en 1930. Des briques d'argile grises se déploient sur la façade extérieure dont elles sont le matériau principal, tandis que diverses méthodes de pose inspirées des maçonneries traditionnelles de la Chine ancienne nous ont permis de créer une certaine porosité et des reliefs dans le mur, ainsi que des avant-toits saillants, afin de faire des détails et de l'artisanat des formes architecturales expressives (Figs. 22-23). En même temps, les ondulations de la façade et les fenêtres ébrasées peuvent être perçues comme une interprétation de la profondeur du mur extérieur d'un tulou et permettent d'exprimer la nature individuelle des chambres, et donc de leurs habitants, tandis que la souplesse du mur-rideau de briques apporte une réponse à la pollution sonore du périphérique. La brique est un matériau lourd et, en tant que tel, elle se prête bien à l'expression du transfert de charge entre le toit et le sol, c'est d'ailleurs l'une des raisons pour laquelle nous n'avons

Fig. 23: Two forms of *die-se* or brick cantilever.

Fig. 23: Deux formes de *die-se* ou de brique cantilever.

façade; through various brick-laying techniques inspired by the traditional bonds in ancient China, we create porosity, relief in the wall, as well as projected eaves that demonstrate details and craft as expressive architectural forms (Figs. 22–23). Simultaneously, the undulation on the building façade with the tapered windows could be perceived as an interpretation of the depth of Tulou's outer wall and is a measure to manifest the individuality of rooms and thus their residents, while addressing the issue of noise pollution from the Boulevard périphérique by the pliability achieved by the brick curtain wall. As a heavy material, brick lends itself well to the expression of load transferring from the roof to the ground, which is

Fig. 24: Inside view of a typical tulou.

Fig. 24 : Vue intérieure d'un tulou typique.

one of the reasons why we would not consider having a piloti level like the Pavillon suisse. A wood grating lines the entire inner façade around the courtyard. Together with the clay bricks on the outer façade, such tectonic composition echoes the contrast of the outer and inner sides of tulou while reiterating once more the ancient Chinese definition of architecture as Tu (earth) and Mu (wood), with the finished structure remaining as much Chinese as a local project since the gray bricks on the building were hand-made in Europe (Fig. 24).

jamais envisagé des pilotis comme le Pavillon suisse. Une grille en bois double entièrement la façade intérieure autour de la cour ; avec les briques d'argile de la façade extérieure, elle donne naissance à une composition tectonique qui évoque le contraste entre le côté extérieur et le côté intérieur d'un tulou, tout en rappelant une fois de plus l'ancienne définition chinoise de l'architecture, *tu* (terre) *mu* (bois), tandis que la structure achevée reste aussi chinoise qu'un projet local peut l'être puisque les briques grises ont été produites à la main en Europe (Fig. 24).

DRAWINGS

PLANS

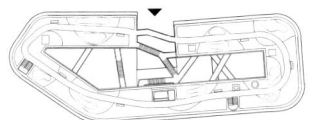

Site plan / Plan de situation

Basement 1st floor / Sous-sol 1er niveau

0 1 2   5   10m

1. Cultural activities hall (CAH)	6. Study room	11. Collective kitchen & dining	16. Guest room
2. CAH foyer	7. Office	12. Single room	17. Terrace garden
3. CAH service facilities	8. Lounge	13. Accessible room	18. Mechanical room
4. Foyer	9. Music room	14. One-bedroom suite	
5. Reception	10. Meeting room	15. Three-bedroom suite	

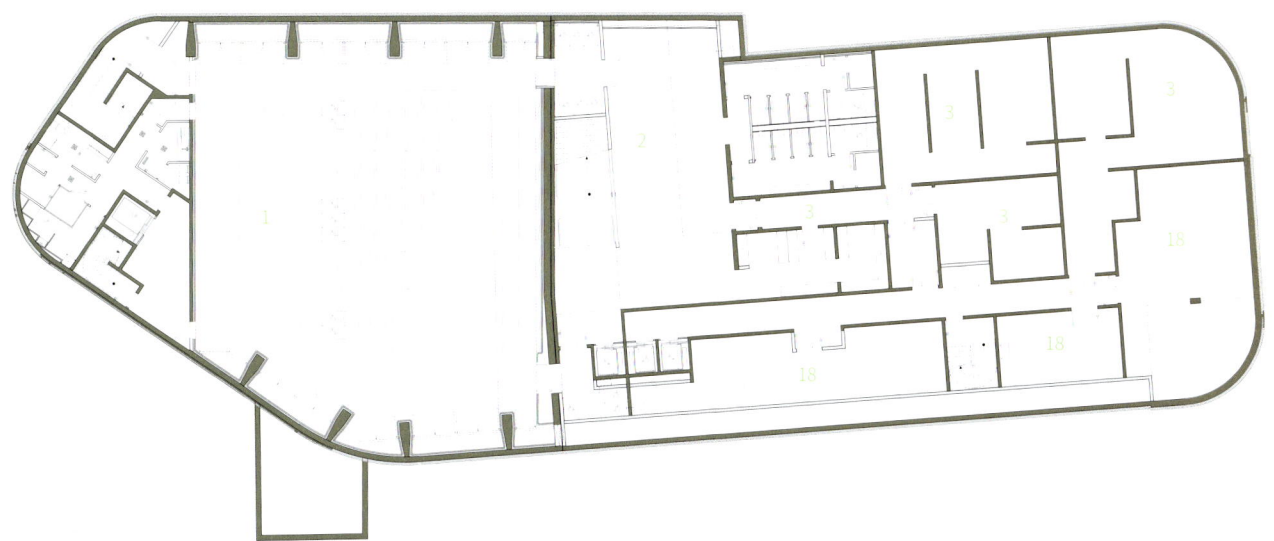

Basement 2nd floor / Sous-sol 2ᵉ niveau

1. Salle d'activités culturelles
2. Hall SAC
3. Services SAC
4. Entrée
5. Accueil
6. Salle d'étude
7. Bureau
8. Salon
9. Salle de musique
10. Salle de réunion
11. Cuisine & salle à manger collective
12. Chambre individuelle
13. Chambre à accès facilité
14. Appartement une chambre
15. Appartement trois chambres
16. Chambre d'amis
17. Terrasse jardin
18. Local technique

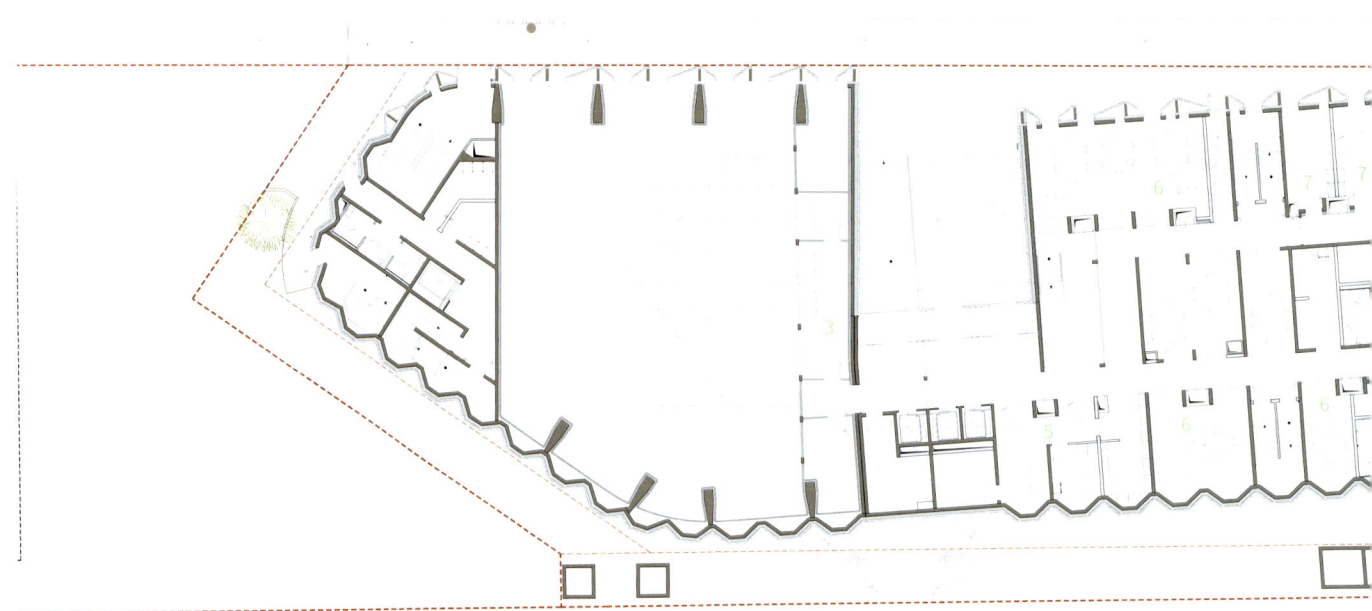

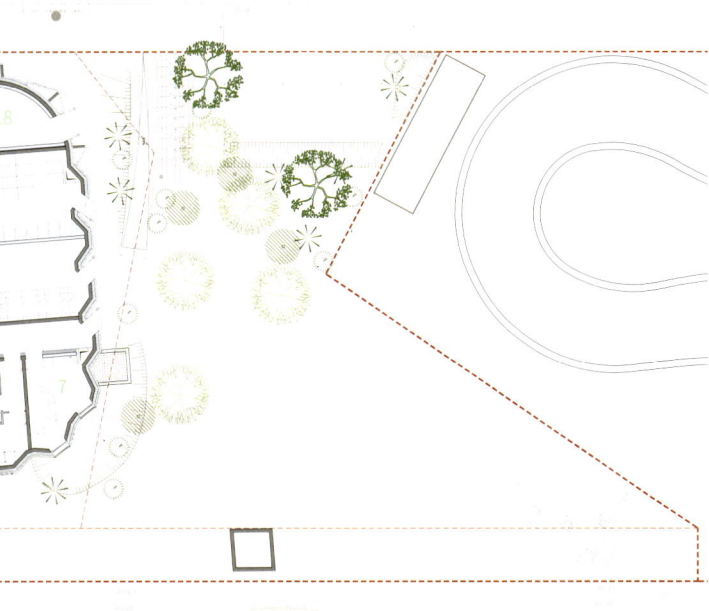

1. Cultural activities hall (CAH)
2. CAH foyer
3. CAH service facilities
4. Foyer
5. Reception
6. Study room
7. Office
8. Lounge
9. Music room
10. Meeting room
11. Collective kitchen & dining
12. Single room
13. Accessible room
14. One-bedroom suite
15. Three-bedroom suite
16. Guest room
17. Terrace garden
18. Mechanical room

1. Salle d'activités culturelles
2. Hall SAC
3. Services SAC
4. Entrée
5. Accueil
6. Salle d'étude
7. Bureau
8. Salon
9. Salle de musique
10. Salle de réunion
11. Cuisine & salle à manger collective
12. Chambre individuelle
13. Chambre à accès facilité
14. Appartement une chambre
15. Appartement trois chambres
16. Chambre d'amis
17. Terrasse jardin
18. Local technique

Ground floor

Rez-de-chaussée

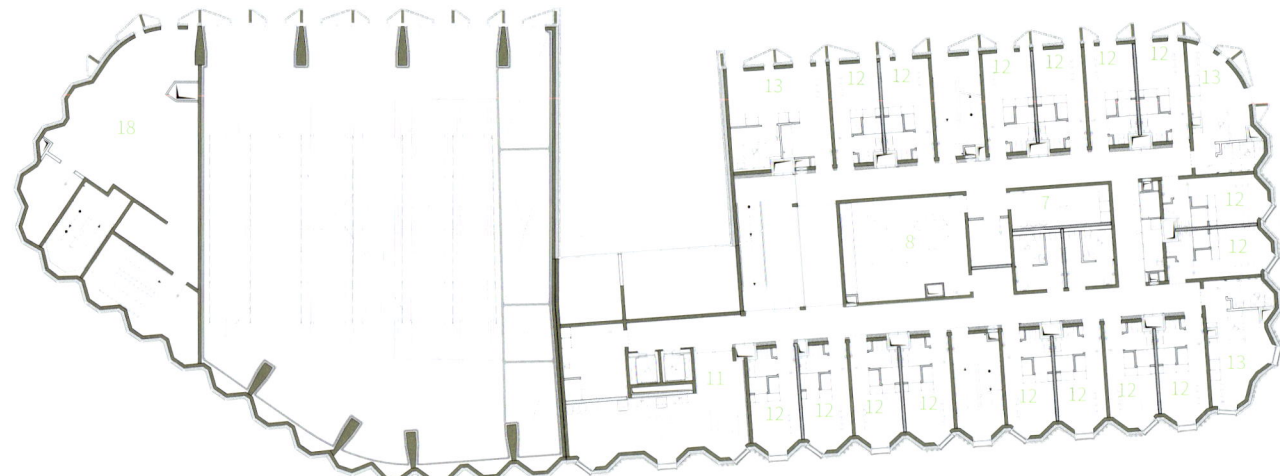

1st floor / 1er étage

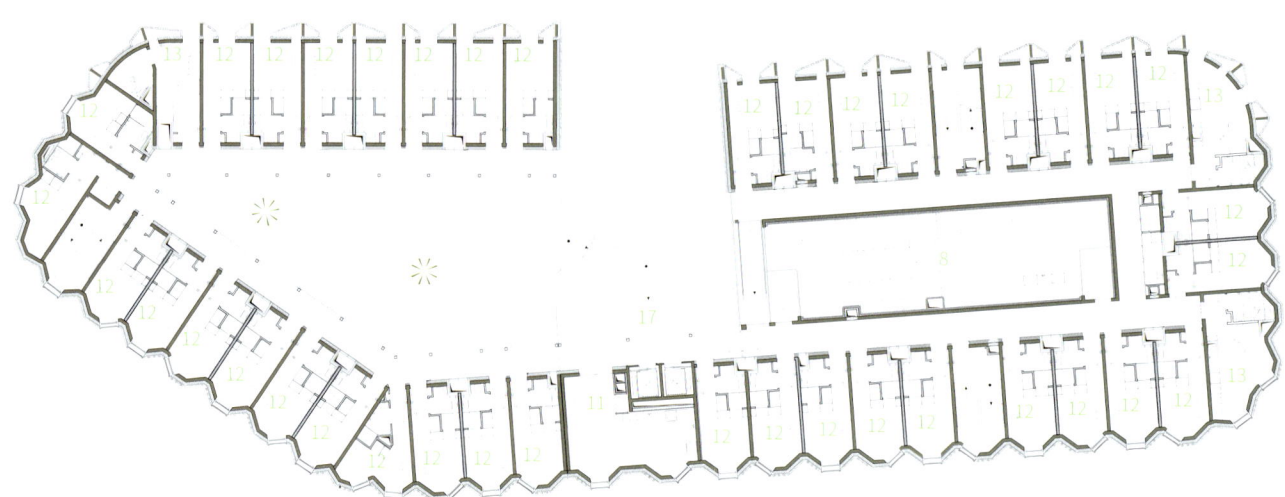

2nd floor / 2e étage

0   1 2   5   10m

1. Cultural activities hall (CAH)
2. CAH foyer
3. CAH service facilities
4. Foyer
5. Reception
6. Study room
7. Office
8. Lounge
9. Music room
10. Meeting room
11. Collective kitchen & dining
12. Single room
13. Accessible room
14. One-bedroom suite
15. Three-bedroom suite
16. Guest room
17. Terrace garden
18. Mechanical room

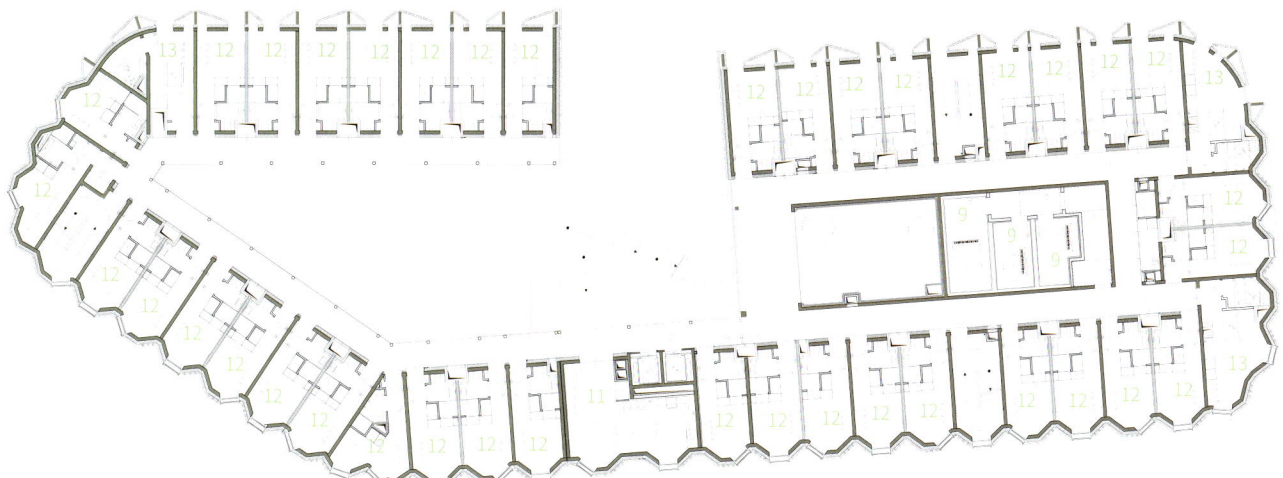

3rd floor / 3ᵉ étage

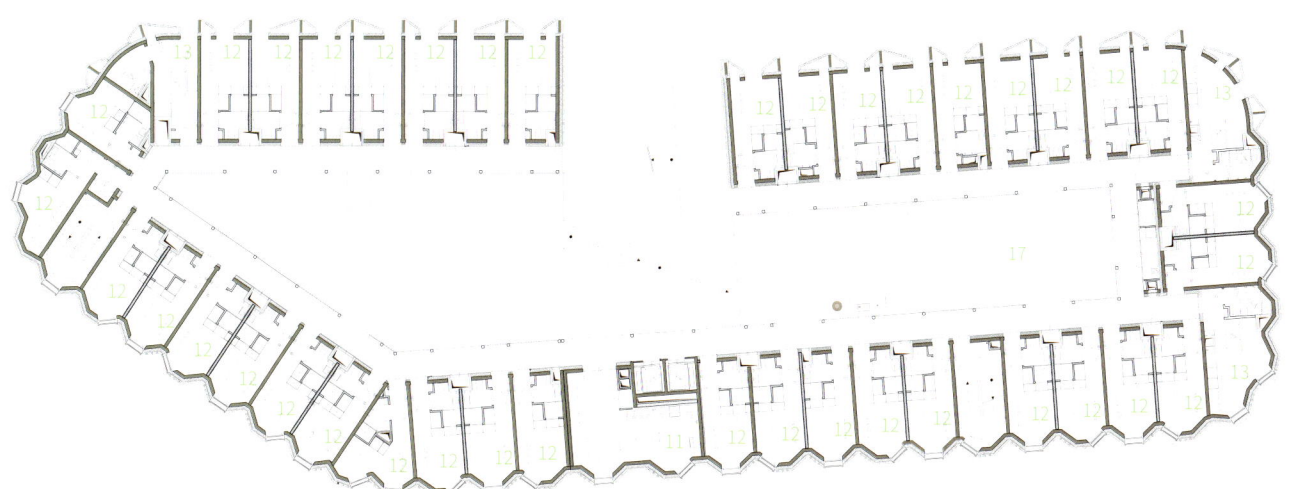

4th floor / 4ᵉ étage

1. Salle d'activités culturelles
2. Hall SAC
3. Services SAC
4. Entrée
5. Accueil
6. Salle d'étude
7. Bureau
8. Salon
9. Salle de musique
10. Salle de réunion
11. Cuisine & salle à manger collective
12. Chambre individuelle
13. Chambre à accès facilité
14. Appartement une chambre
15. Appartement trois chambres
16. Chambre d'amis
17. Terrasse jardin
18. Local technique

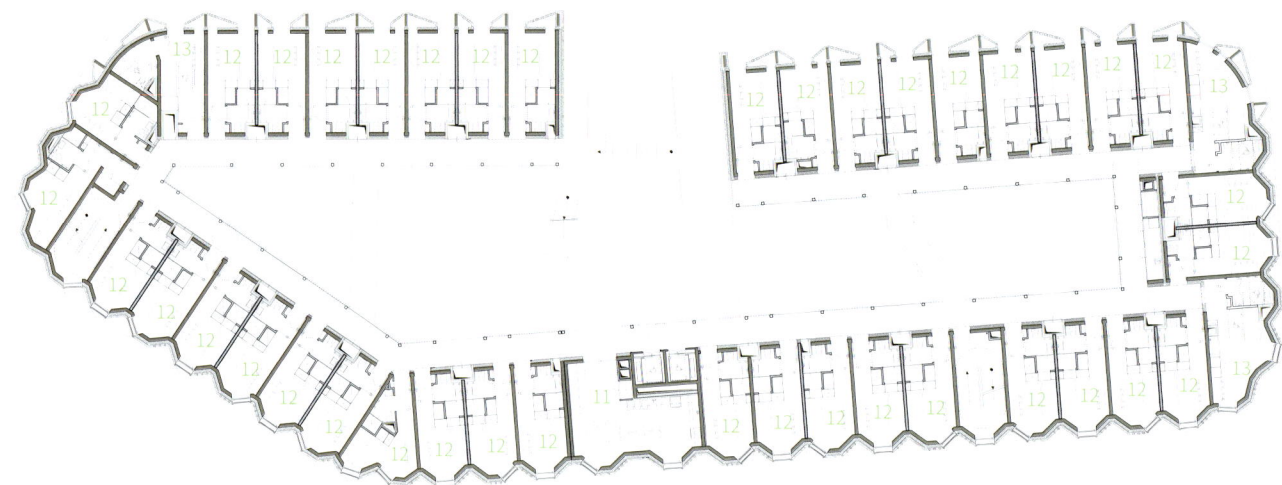

5th floor / 5ᵉ étage

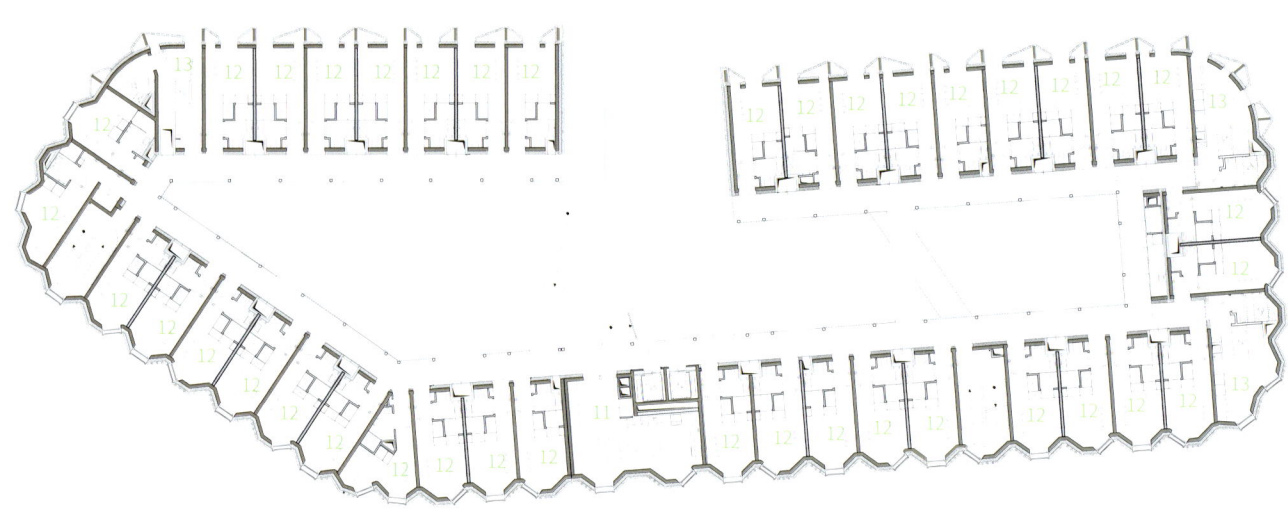

6th floor / 6ᵉ étage

1. Cultural activities hall (CAH)
2. CAH foyer
3. CAH service facilities
4. Foyer
5. Reception
6. Study room
7. Office
8. Lounge
9. Music room
10. Meeting room
11. Collective kitchen & dining
12. Single room
13. Accessible room
14. One-bedroom suite
15. Three-bedroom suite
16. Guest room
17. Terrace garden
18. Mechanical room

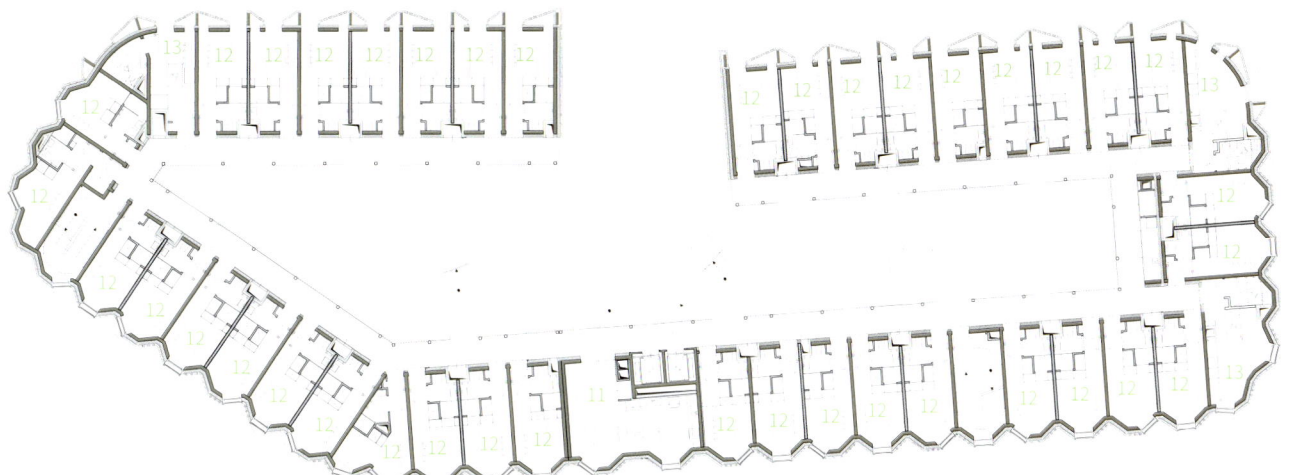

7th floor / 7ᵉ étage

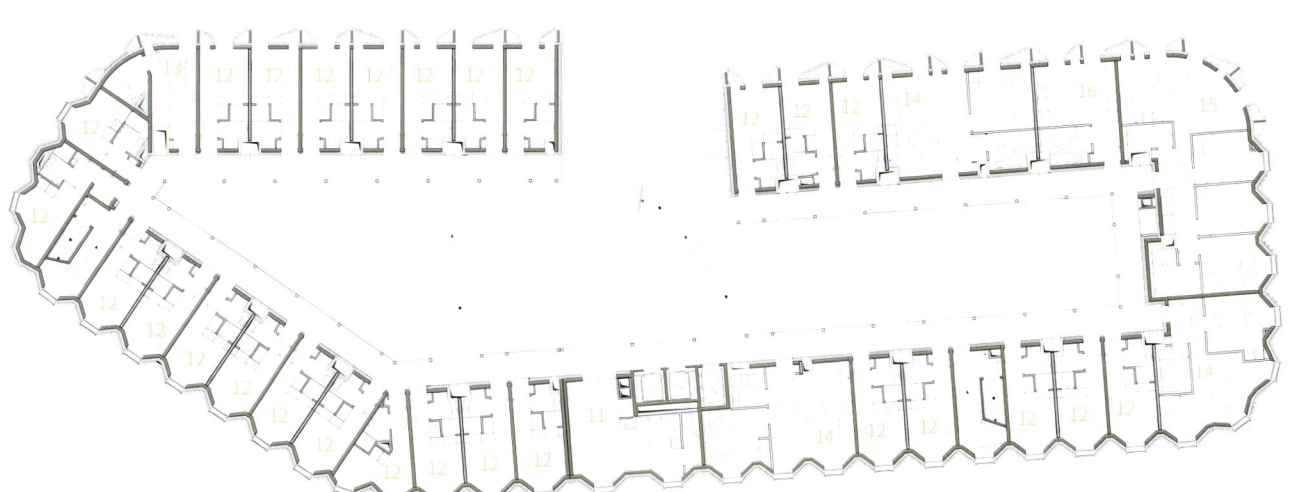

8th floor / 8ᵉ étage

1. Salle d'activités culturelles
2. Hall SAC
3. Services SAC
4. Entrée
5. Accueil
6. Salle d'étude
7. Bureau
8. Salon
9. Salle de musique
10. Salle de réunion
11. Cuisine & salle à manger collective
12. Chambre individuelle
13. Chambre à accès facilité
14. Appartement une chambre
15. Appartement trois chambres
16. Chambre d'amis
17. Terrasse jardin
18. Local technique

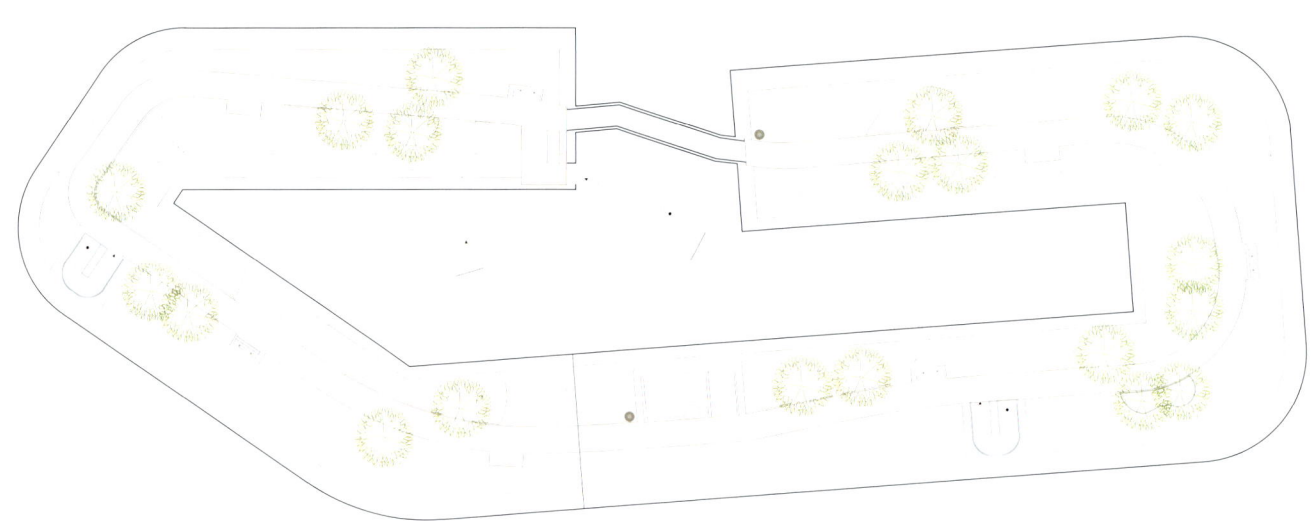

Roof plan / Plan du toit

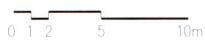
0 1 2   5   10m

1. Cultural activities hall (CAH)
2. CAH foyer
3. CAH service facilities
4. Foyer
5. Reception
6. Study room
7. Office
8. Lounge
9. Music room
10. Meeting room
11. Collective kitchen & dining
12. Single room
13. Accessible room
14. One-bedroom suite
15. Three-bedroom suite
16. Guest room
17. Terrace garden
18. Mechanical room

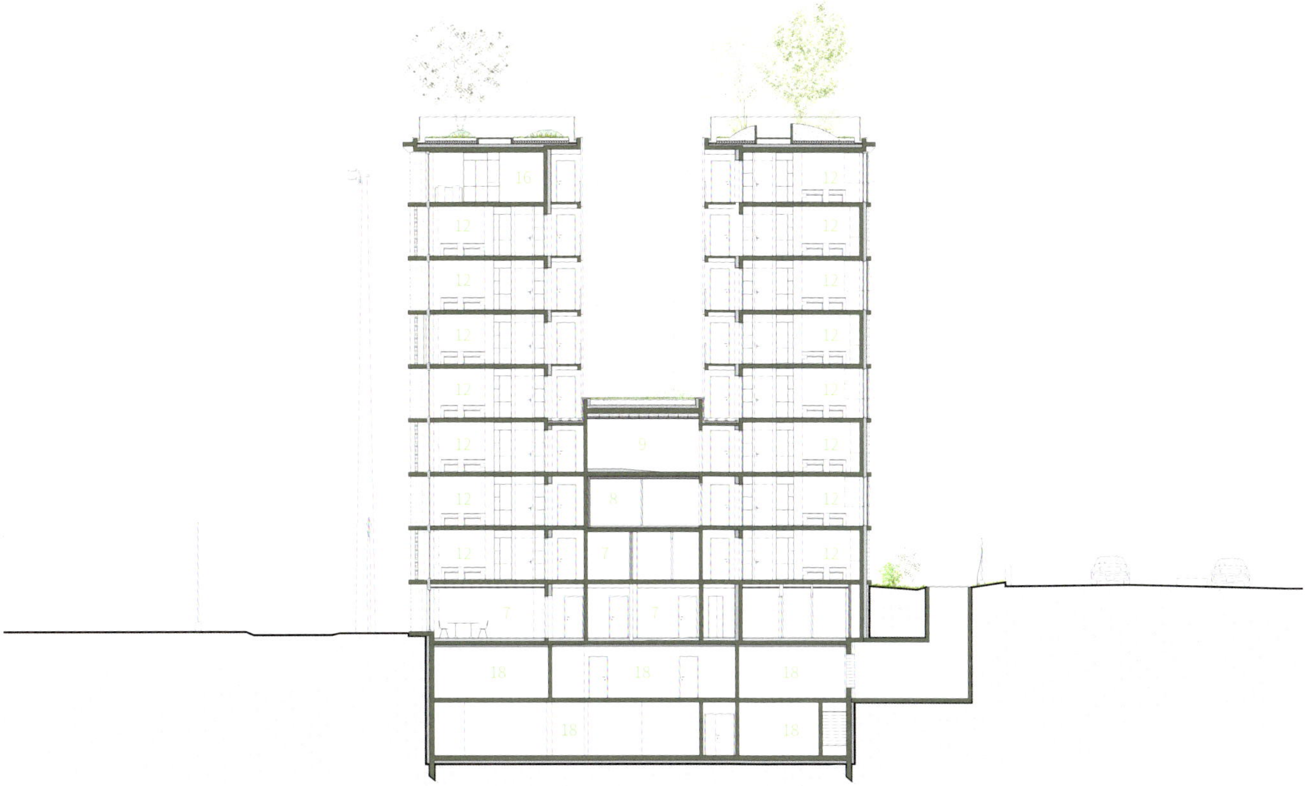

Section A / Coupe A

1. Salle d'activités culturelles
2. Hall SAC
3. Services SAC
4. Entrée
5. Accueil
6. Salle d'étude
7. Bureau
8. Salon
9. Salle de musique
10. Salle de réunion
11. Cuisine & salle à manger collective
12. Chambre individuelle
13. Chambre à accès facilité
14. Appartement une chambre
15. Appartement trois chambres
16. Chambre d'amis
17. Terrasse jardin
18. Local technique

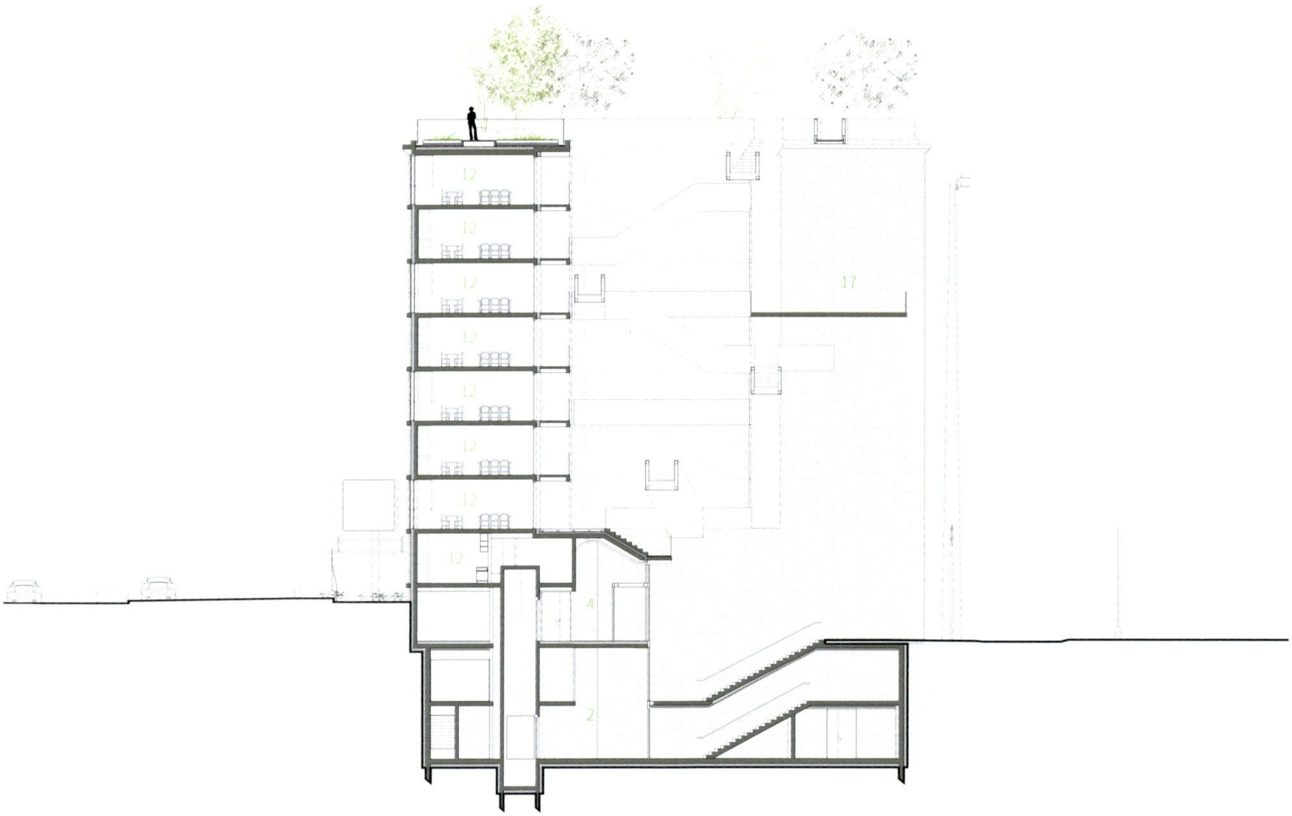

Section B / Coupe B

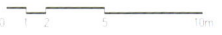

1. Cultural activities hall (CAH)
2. CAH foyer
3. CAH service facilities
4. Foyer
5. Reception
6. Study room
7. Office
8. Lounge
9. Music room
10. Meeting room
11. Collective kitchen & dining
12. Single room
13. Accessible room
14. One-bedroom suite
15. Three-bedroom suite
16. Guest room
17. Terrace garden
18. Mechanical room

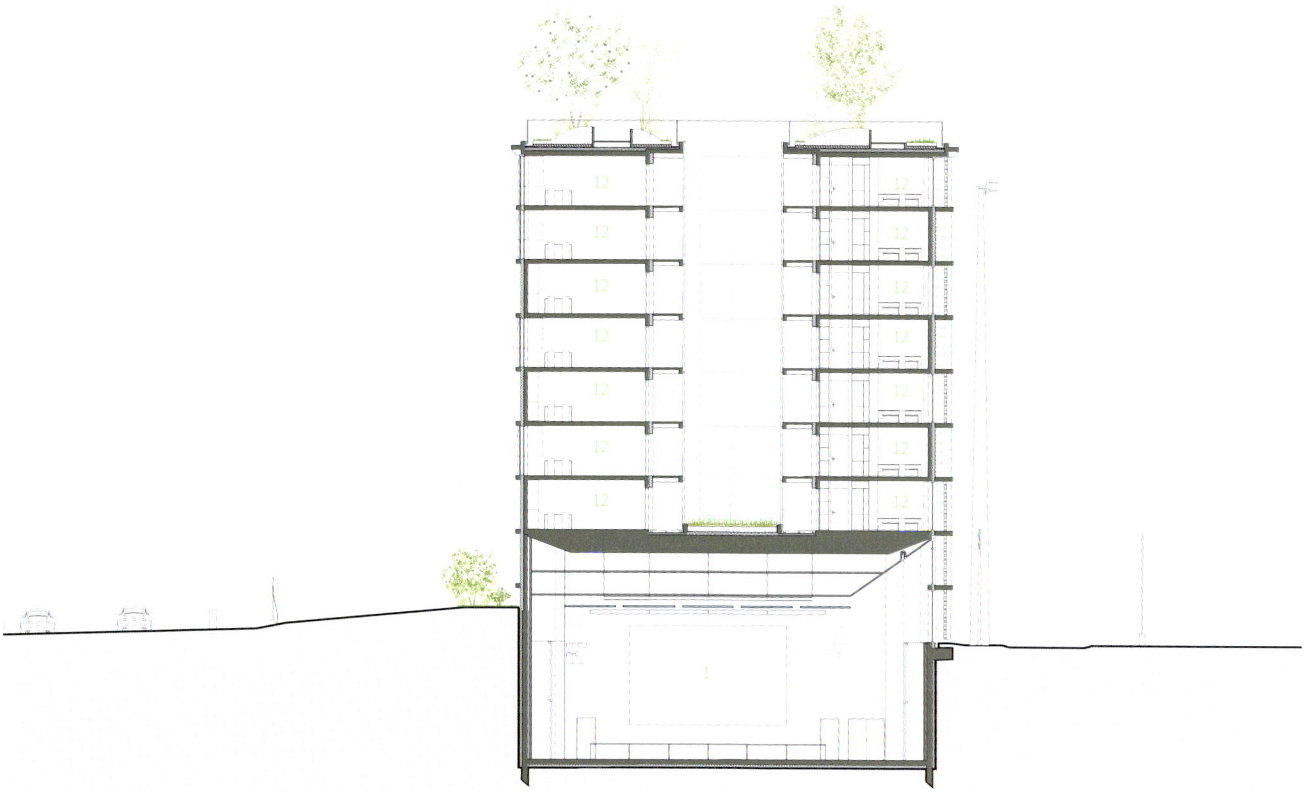

Section C / Coupe C

1. Salle d'activités culturelles
2. Hall SAC
3. Services SAC
4. Entrée
5. Accueil
6. Salle d'étude
7. Bureau
8. Salon
9. Salle de musique
10. Salle de réunion
11. Cuisine & salle à manger collective
12. Chambre individuelle
13. Chambre à accès facilité
14. Appartement une chambre
15. Appartement trois chambres
16. Chambre d'amis
17. Terrasse jardin
18. Local technique

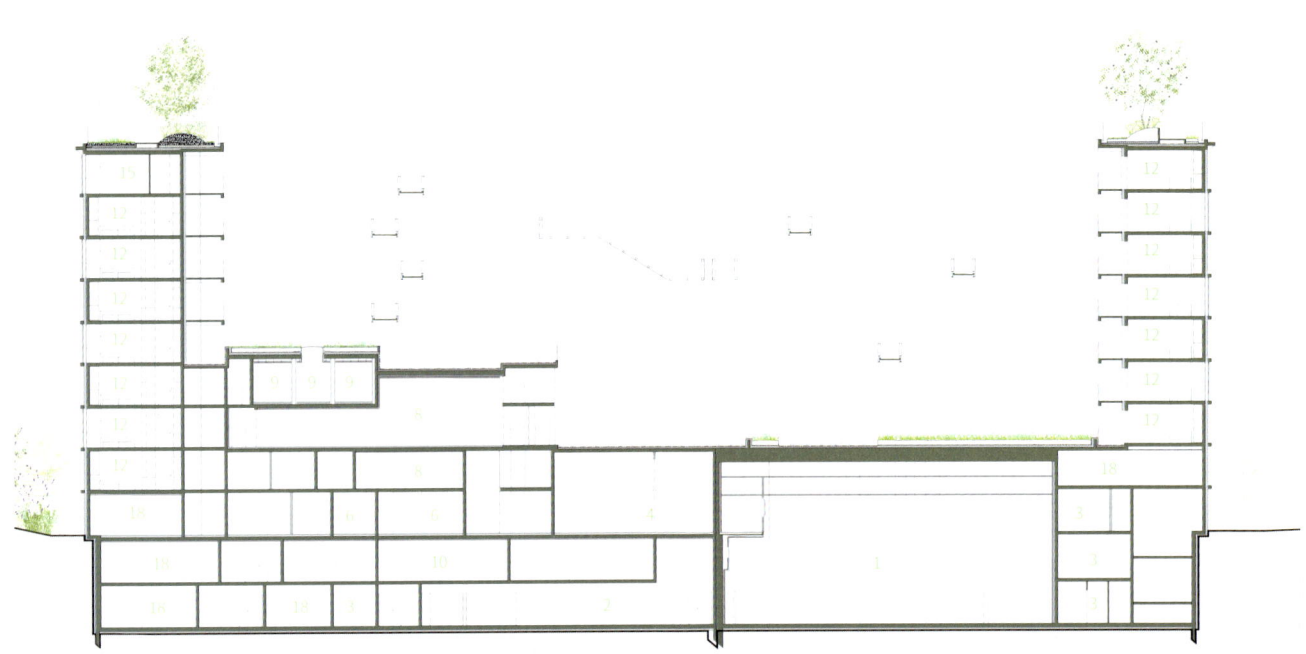

Section D / Coupe D

1. Cultural activities hall (CAH)
2. CAH foyer
3. CAH service facilities
4. Foyer
5. Reception
6. Study room
7. Office
8. Lounge
9. Music room
10. Meeting room
11. Collective kitchen & dining
12. Single room
13. Accessible room
14. One-bedroom suite
15. Three-bedroom suite
16. Guest room
17. Terrace garden
18. Mechanical room

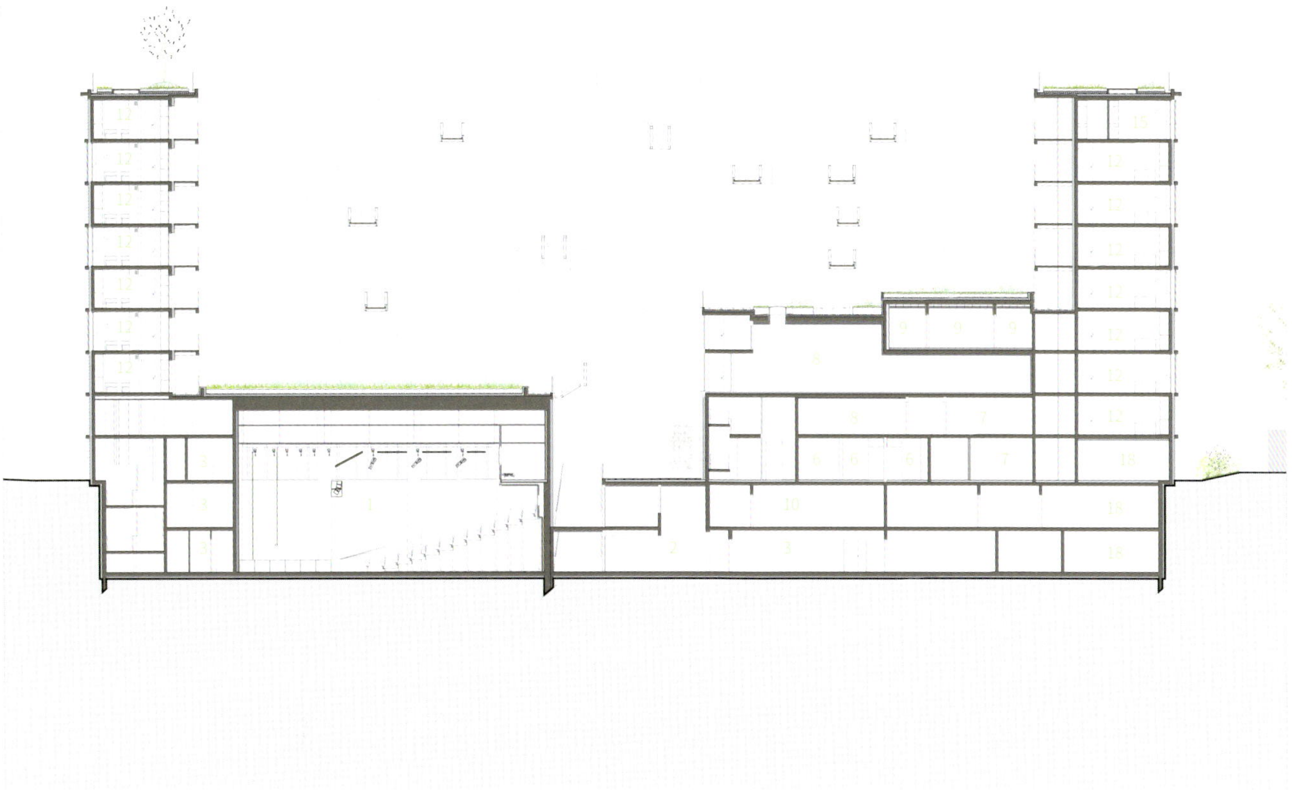

Section E / Coupe E

1. Salle d'activités culturelles
2. Hall SAC
3. Services SAC
4. Entrée
5. Accueil
6. Salle d'étude
7. Bureau
8. Salon
9. Salle de musique
10. Salle de réunion
11. Cuisine & salle à manger collective
12. Chambre individuelle
13. Chambre à accès facilité
14. Appartement une chambre
15. Appartement trois chambres
16. Chambre d'amis
17. Terrasse jardin
18. Local technique

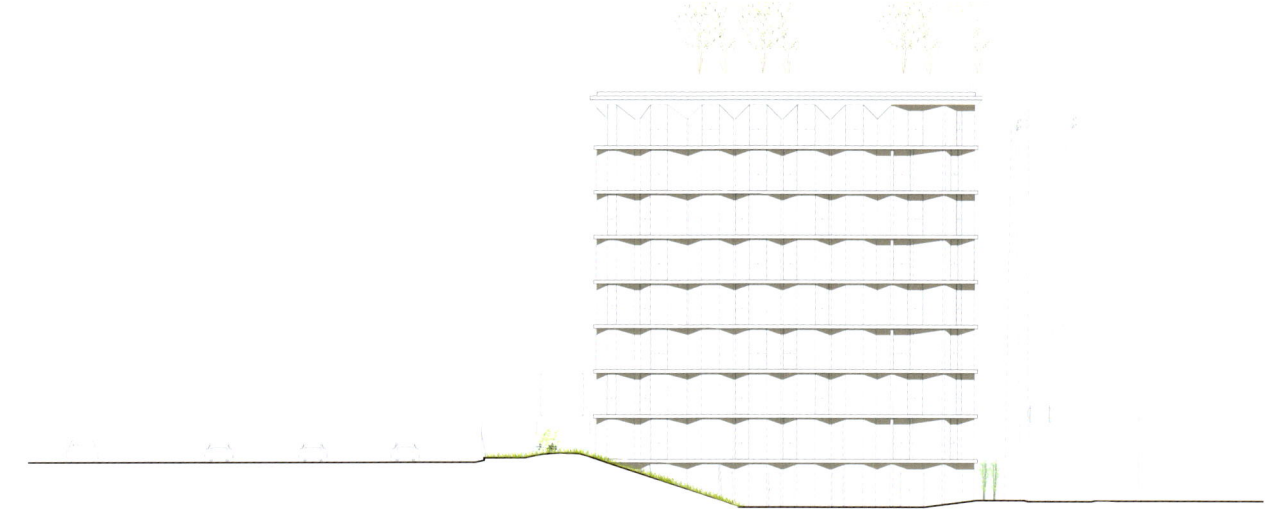

East elevation / Élévation est

West elevation / Élévation ouest

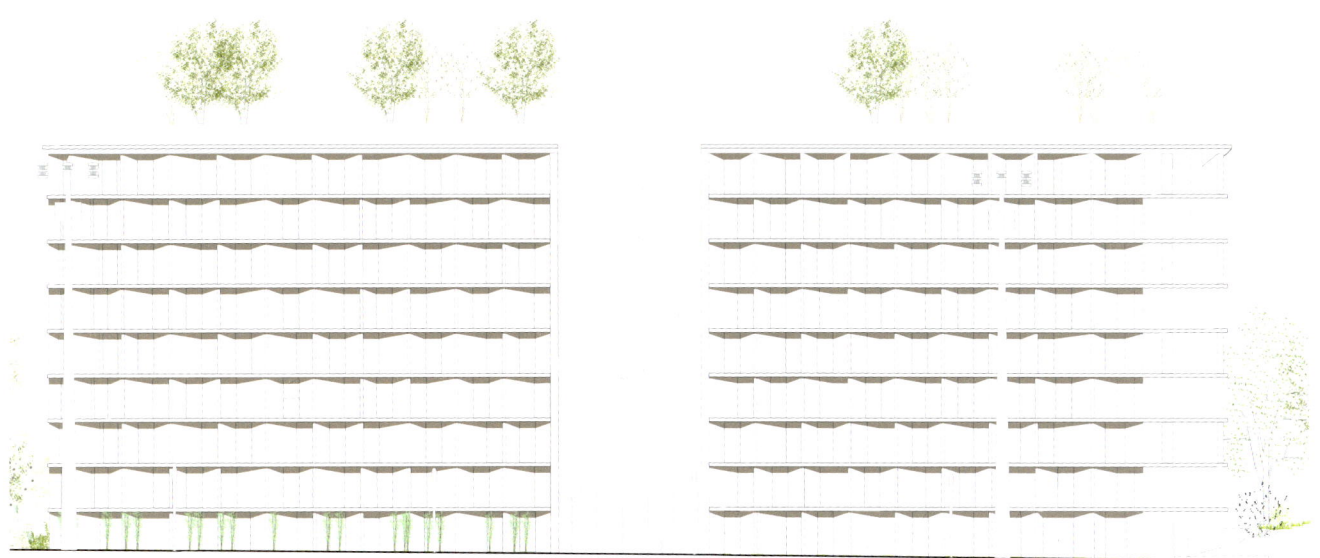

North elevation / Élévation nord

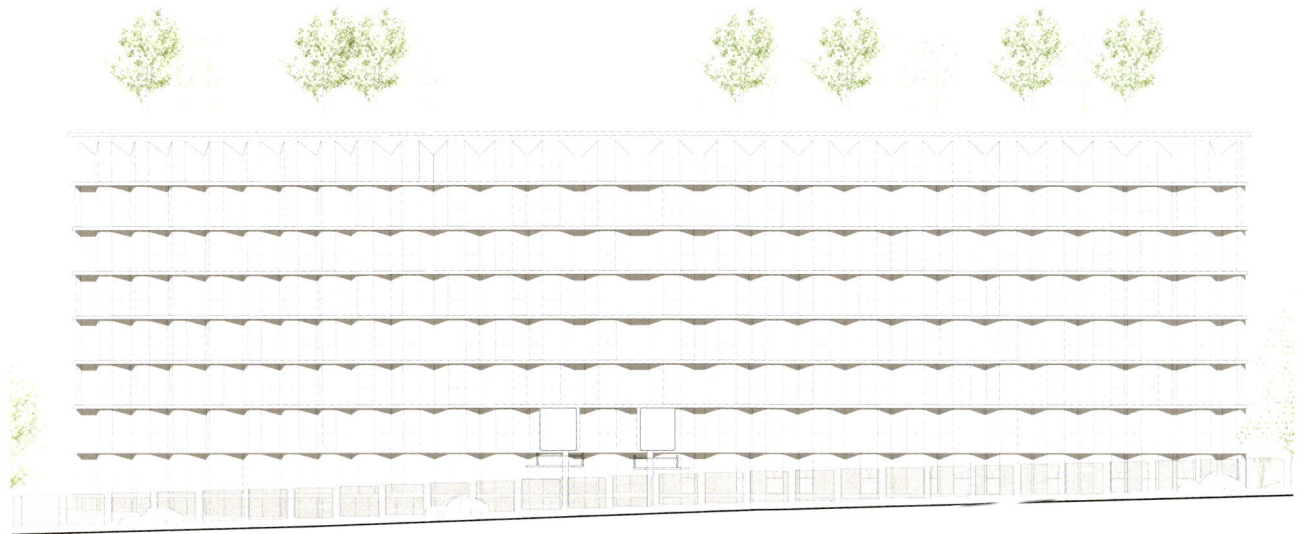

South elevation / Élévation sud

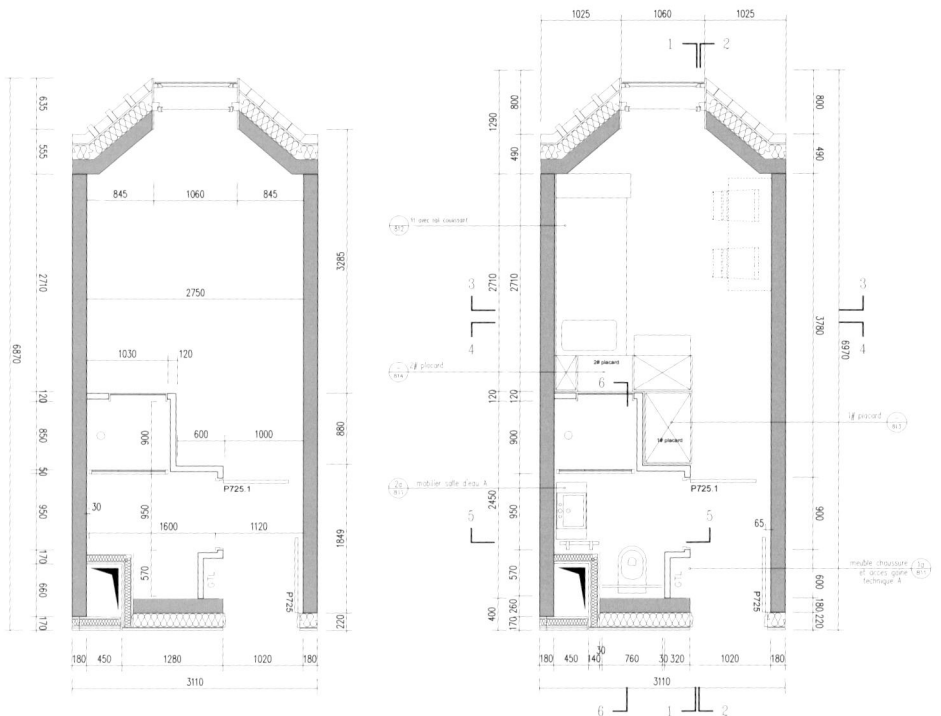
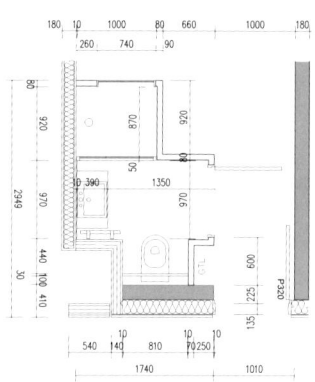

Plan before development
Plan avant aménagement

The development plan
Plan d'aménagement

Bathroom plan
Plan salle d'eau

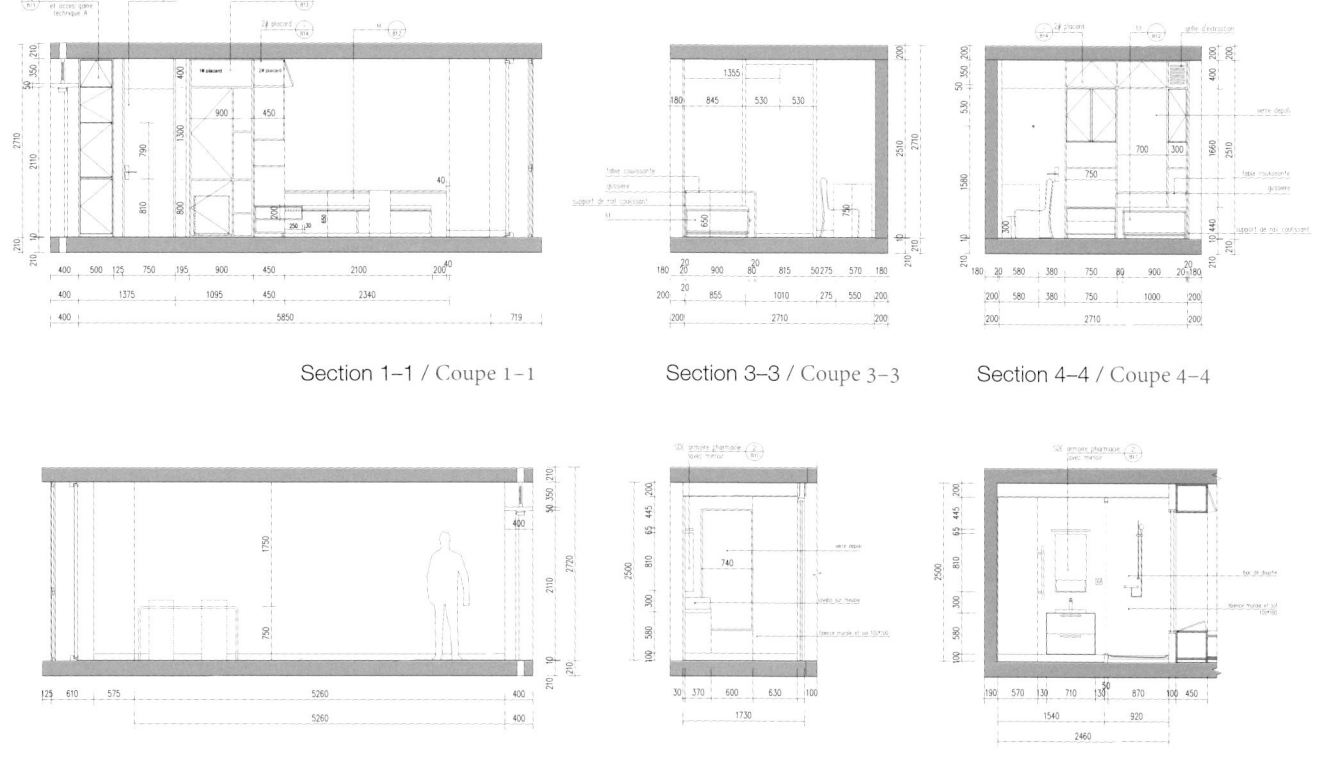

Section 1–1 / Coupe 1–1

Section 3–3 / Coupe 3–3

Section 4–4 / Coupe 4–4

Section 2–2 / Coupe 2–2

Section 5–5 / Coupe 5–5

Section 6–6 / Coupe 6–6

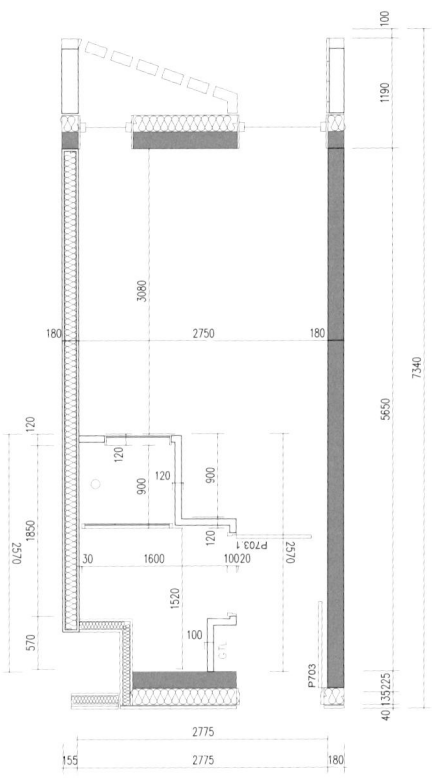
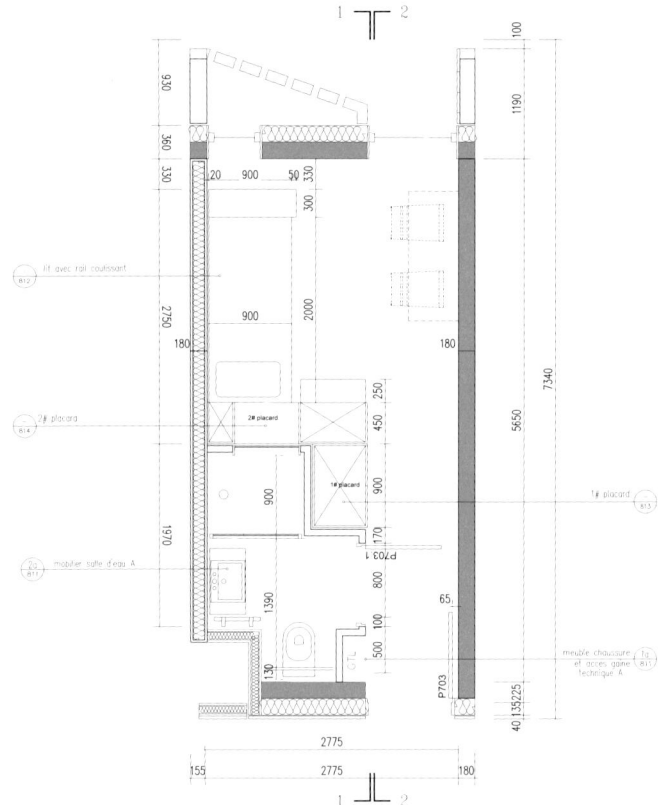

Plan before development / Plan avant aménagement　　　The development plan / Plan d'aménagement

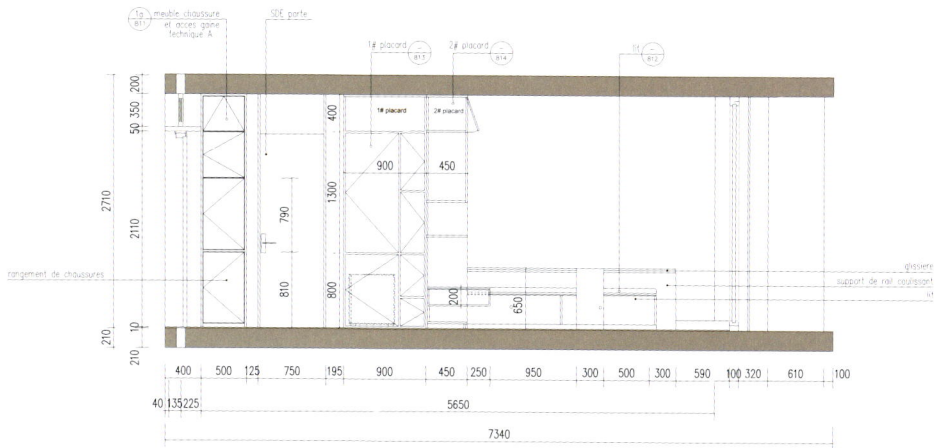
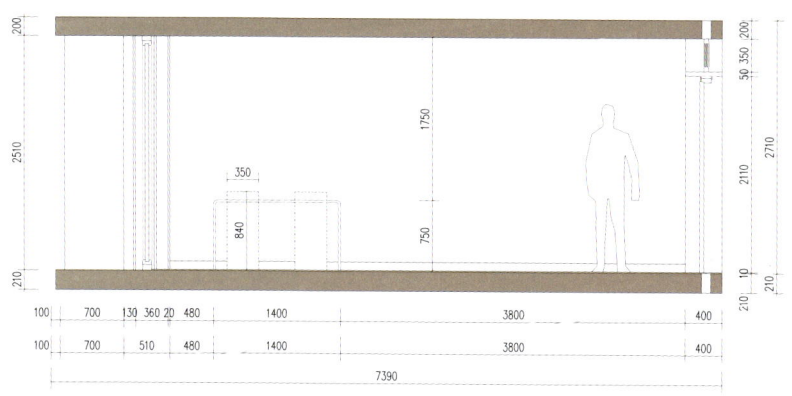

Single room, north elevation / Chambre simple, élévation nord

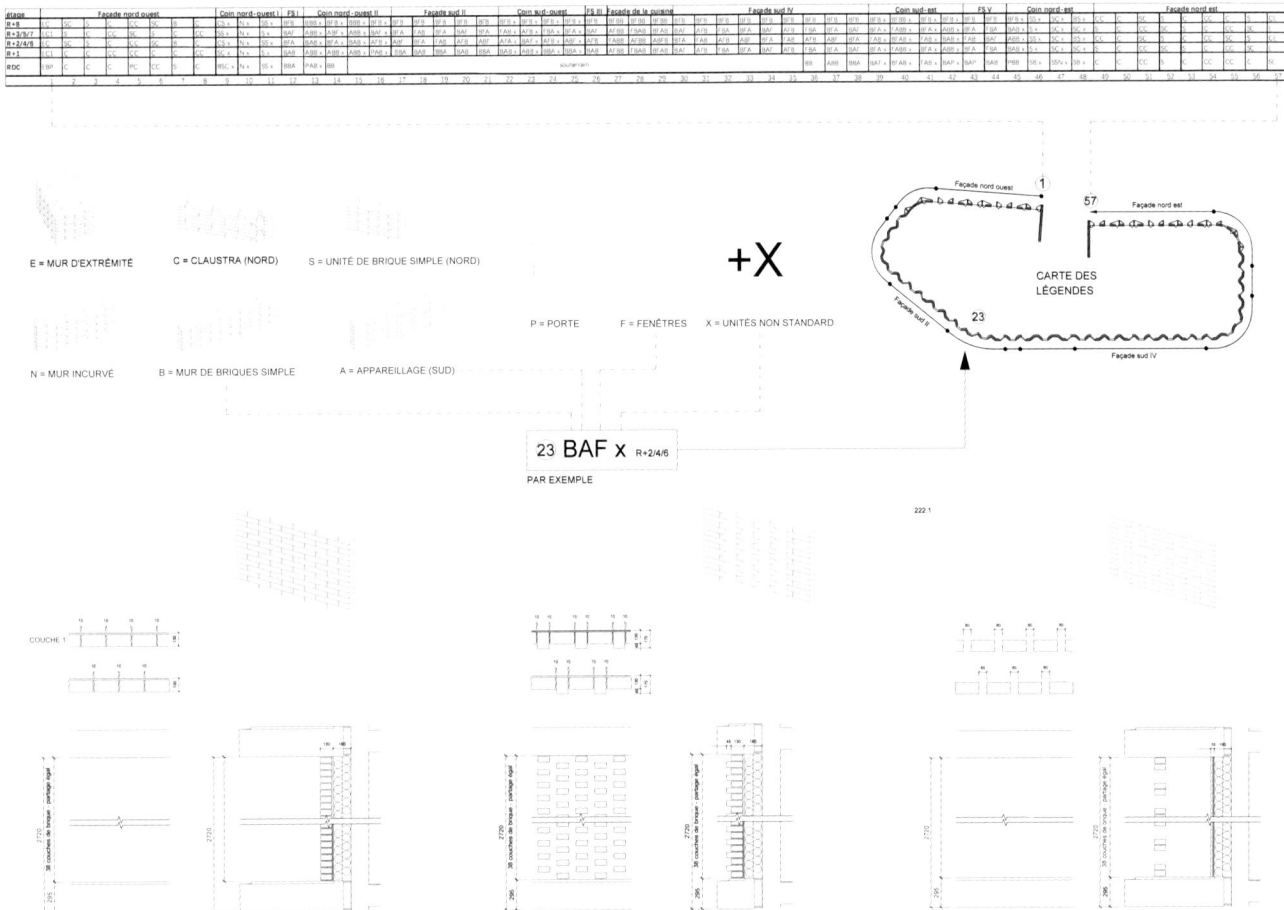

Brickwork coding / Codage de maçonnerie

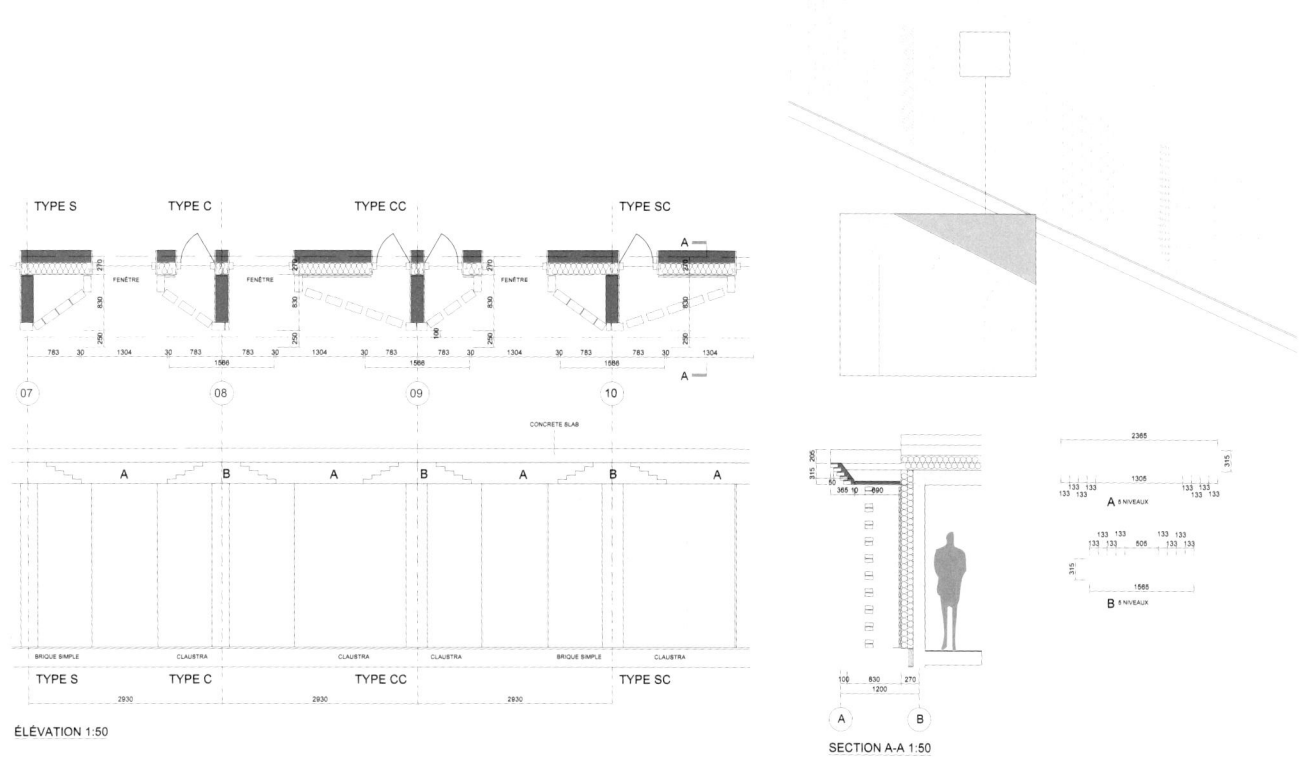

Brickwork cornice details, north / Brique corniche détails, nord

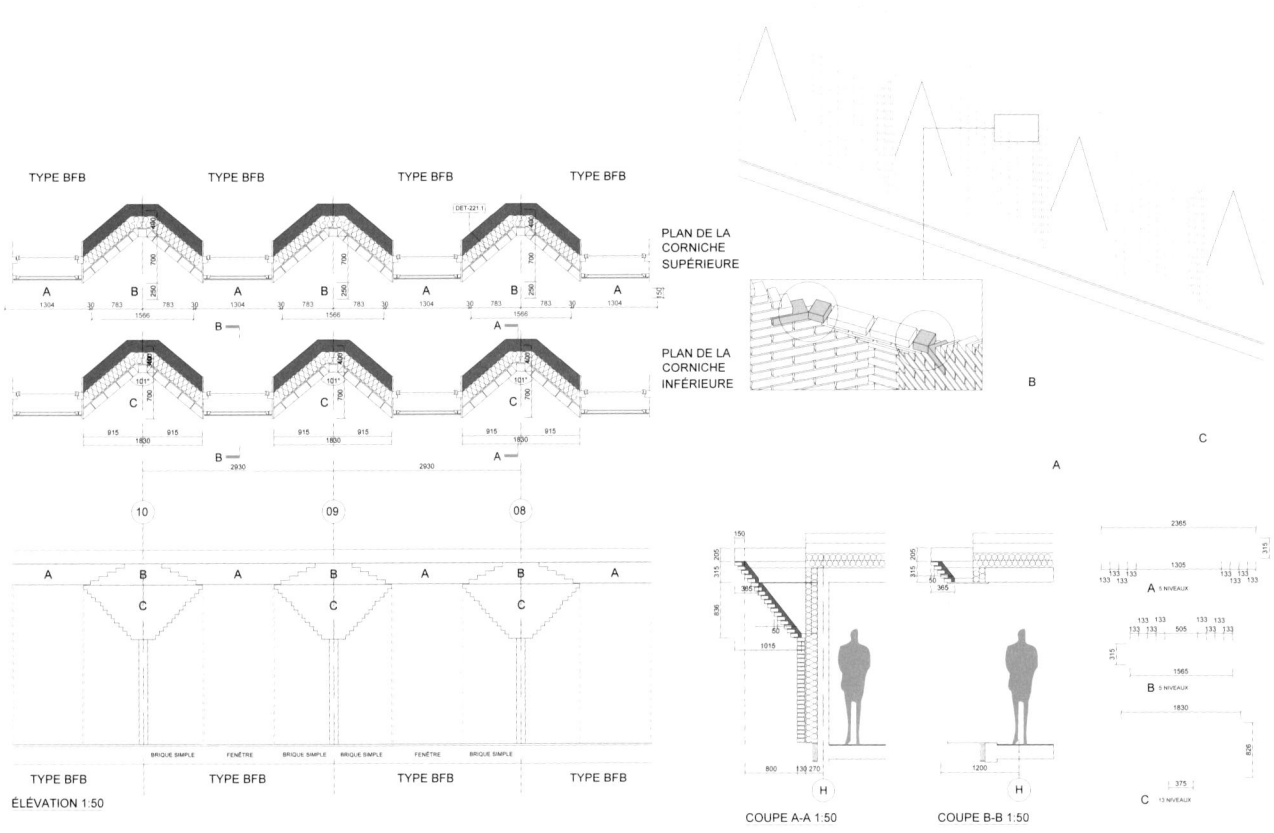

Brickwork cornice details, south / Brique corniche détails, sud

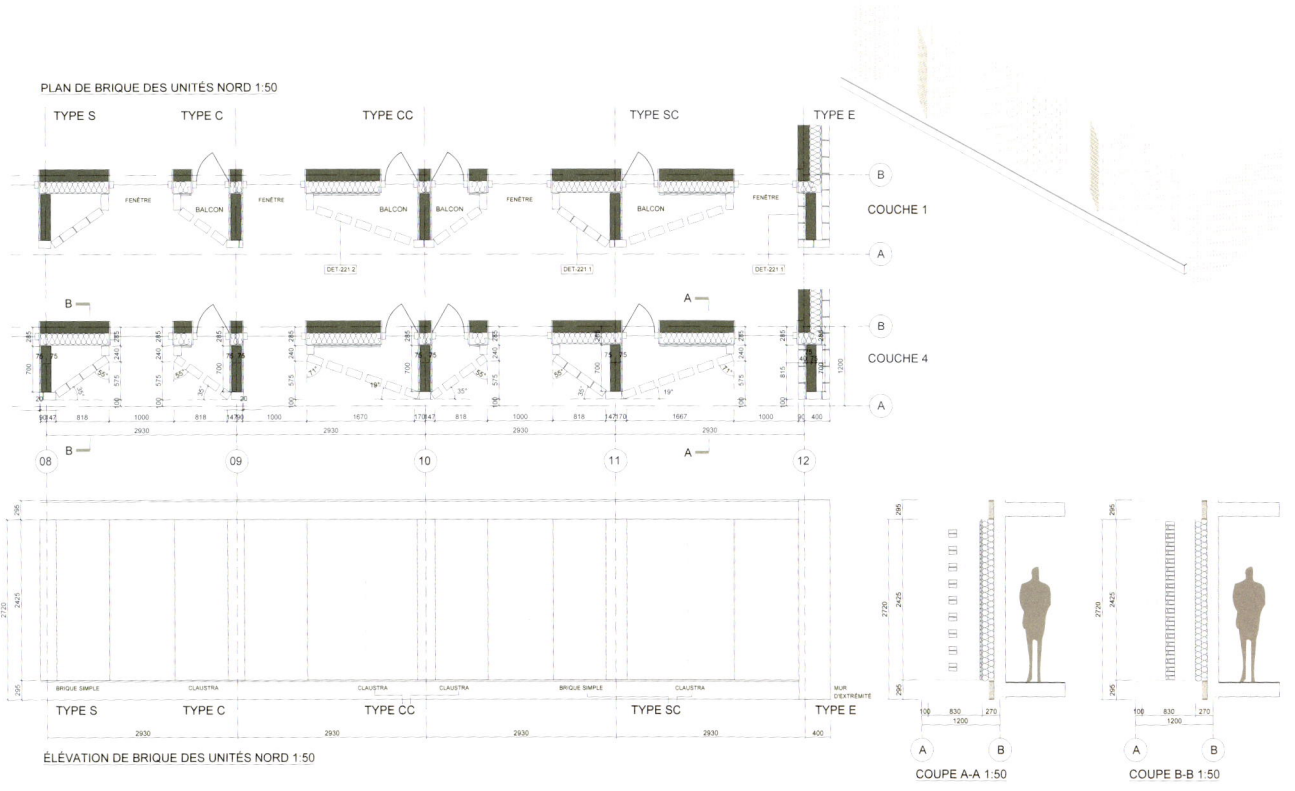

Brick details, north / Détails de brique, nord

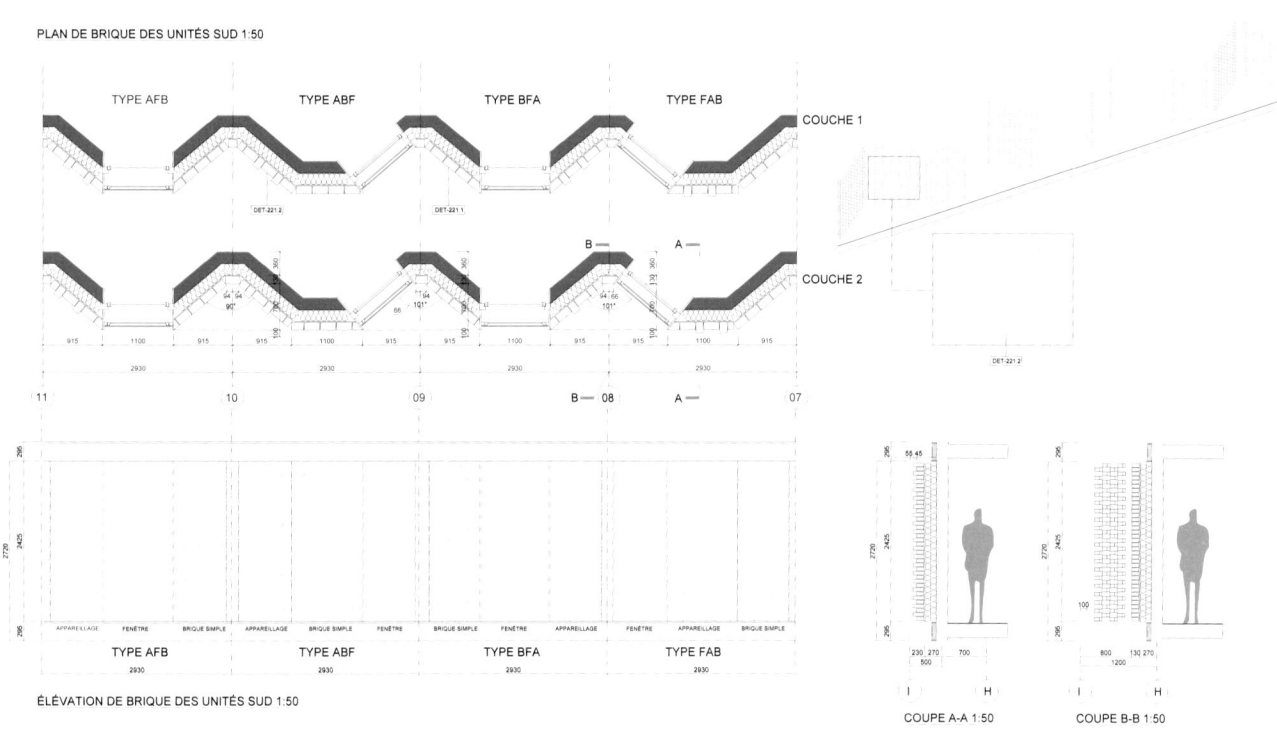

78 Brick details, south / Détails de brique, sud

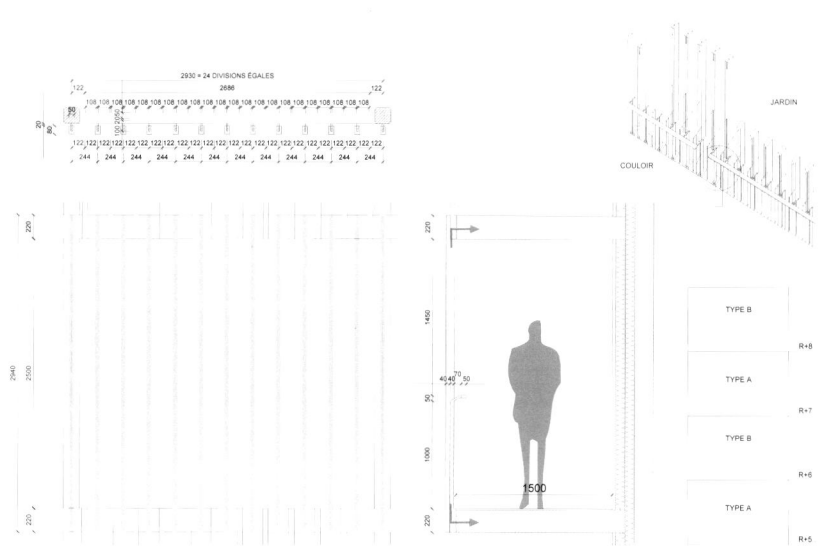

Timber detail A / Détail du bois A 79

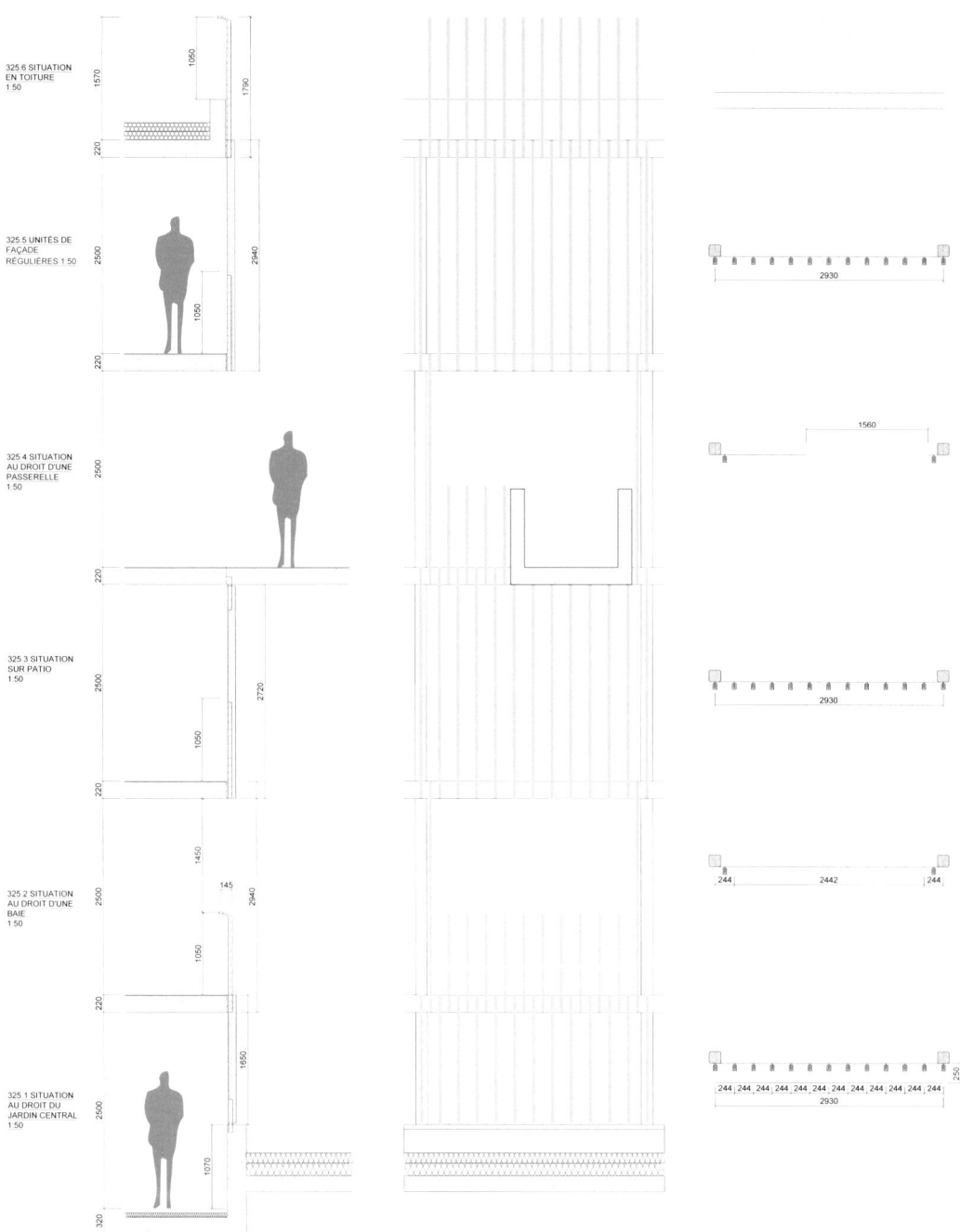

Timber detail B / Détail du bois B

The Design Evolution of the Maison de la Chine

La Maison de la Chine, évolution d'un concept

Yishi Cheng
Architect, Atelier Feichang Jianzhu (FCJZ)

Yishi Cheng
Architecte, Atelier Feichang Jianzhu (FCJZ)

Un projet centenaire

L'année 2023 a vu l'achèvement de la Maison de la Chine à la Cité internationale universitaire de Paris (CIUP), six ans après un concours d'architecture et presque un siècle après le projet de Maison chinoise de Yu Ping-Lih dans les années 1920. Au cours des cent ans qui ont suivi la proposition de ce dernier, la manière de concevoir et de percevoir l'architecture a radicalement changé. Par conséquent, il est parfaitement naturel que le bâtiment terminé diffère, à la fois par son concept et par sa forme, de son projet initial. Néanmoins, les architectes d'aujourd'hui ont été confrontés en partie aux mêmes défis. L'un des plus fondamentaux est celui qui consiste à trouver comment exprimer un esprit national par l'architecture. La réponse à ces défis permet de découvrir certaines des traces laissées par Yu Ping-Lih et de voir le projet achevé comme un descendant lointain du premier.

Le projet qui a été réalisé a remporté le concours international pour la Maison de la Chine début 2017. Ce concours concernait une résidence étudiante de 300 chambres individuelles et les équipements publics correspondants, appelés à devenir représentatifs de la

A century-long project

2023 witnessed the final completion of the Maison de la Chine project in the Cité internationale universitaire de Paris (CIUP), six years after the design competition and nearly a century after the proposal of a Maison Chinoise by Yu Ping-Lih in the 1920s. During the hundred years following Yu's proposal, the ways in which architecture is designed and perceived have changed radically. It is thus natural for the realized building to be different, both in concept and in form, from Yu's design. Nonetheless, in designing one of the national pavilions in the CIUP, the architects today faced some of the same challenges as Yu. At the core of these challenges is the expression of national spirit through design. It is in the response to this that one may discover traces of Yu and perceive the realized project as a distant progeny of his ideas.

The realized project is the winning entry of the international design competition for the Maison de la Chine. Held in early 2017, the design competition called for the design of a student residence that could accommodate 300 in single rooms, complete with accompanying public facilities. The residence would become a representation of China and house students from around the world. The collaboration between Atelier FCJZ and Coldefy won the competition over four other pairs of Sino-French teams. During the design process, architects of the two firms made various thoughtful proposals, each with distinct perspectives and reflections on the question of Chinese-ness. The communication between the firms and the peer evaluation mechanism enabled continuous optimization and evolution of the design. In this article, we elaborate on this collaborative process, with a focus on how the ideas of designing the Maison de la Chine as a national pavilion evolved.

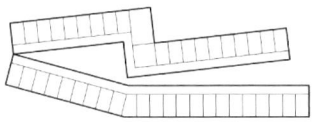
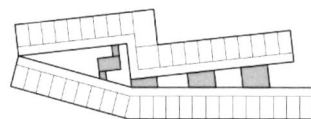

01: The conventional plan for two-sided dormitory
01: Plan traditionnel d'une résidence avec chambres des deux côtés

02: Split into 2 single-sided parts
02: Diviser en deux parties ouvertes d'un seul côté

03: Creating enclosure
03: Créer un espace clos

04: Introducing common spaces
04: Ajouter des espaces communs

Fig. 1: Diagram of the steps in the sandwich approach.

Fig. 1: Étapes de formation de l'approche sandwich.

The sandwich approach

An early version of the design incorporated two strips of single-loaded residence buildings stretching along the site. The buildings were spaced and folded in accordance with the buildable land, creating courtyards in between. The courtyards were in turn punctuated by the insertion of various public facilities, resulting in a general layout that resembled a loosely connected sandwich (Fig. 1). The approach was derived from a conventional, double-sided apartment in which the centralized passageway is often left as an unwelcoming space, lacking sunlight, fresh air, scenery, and social interactions. In contrast to this conventional approach, the courtyards in the sandwich approach provided a way through which natural light, air, and potential scenery can penetrate and a centralized public space that allowed social activities. Moreover, the twists in the passageways eschewed a static, bland circulation flow. The elements of the sandwich approach thus constructed a community-like residence, shaping living to revolve around the courtyards.

Chine et des résidences étudiantes dans le monde entier. Le projet de collaboration entre Atelier FCJZ et Coldefy l'a emporté sur quatre autres équipes franco-chinoises. Pendant la conception du projet, les architectes des deux agences ont émis des propositions toujours judicieuses, reflet des perspectives et réflexions différentes en ce qui concerne la question de l'identité chinoise. La communication entre les agences et les mécanismes d'évaluation mutuelle ont permis d'optimiser le projet en permanence et de le faire évoluer. L'article qui suit donne des détails supplémentaires sur ce processus collaboratif et en particulier sur la manière dont le concept de Maison de la Chine en tant que pavillon national a évolué avec le temps.

L'approche sandwich

Une première version du projet comprenait deux bâtiments résidentiels en bandes ouvertes d'un seul côté qui occupaient la longueur du terrain. Leur espacement et leurs coudes correspondaient au terrain constructible et créaient des cours entre les deux, elles-mêmes divisées par divers équipements publics, pour une forme générale qui rappelait celle d'un sandwich à la structure assez lâche (Fig. 1). Cette approche était inspirée d'un appartement traversant classique où le passage central forme souvent un espace peu accueillant dépourvu de lumière naturelle, qui manque d'air, sans vue ni possibilité d'interaction sociale. Contrairement à cette approche traditionnelle, les cours de la construction sandwich laissaient pénétrer la lumière du jour et l'air, elles étaient ouvertes à une éventuelle vue et l'espace public au centre permettait les activités sociales. De plus, les coudes des voies de passage animaient les flux de circulation en les rendant moins statiques. Cette approche sandwich créait donc une résidence communautaire où la vie tournait autour des cours.

La construction en sandwich offrait par ailleurs une solution adaptée au terrain. D'une surface totale approximative de 2800 mètres carrés, le site du projet est une parcelle étroite à la forme irrégulière qui longe la limite sud de la CIUP, face au Boulevard périphérique de Paris d'un côté et au parc du campus de l'autre. Le concept devait donc répondre à deux stratégies en apparence opposées : une stratégie défensive pour contenir le bruit de la voie express et une stratégie ouverte et transparente pour tenir compte du somptueux décor, ce qui a naturellement donné lieu à un dilemme concernant le degré d'ouverture général du projet. L'approche sandwich équilibrait les deux et apportait une solution : du fait de la configuration à bande double, chacun des deux bâtiments ne devait régler que l'un des deux problèmes et chacun formait une construction distincte et cohérente.

La situation distincte de chaque immeuble se traduisait aussi par une différenciation au niveau des matériaux. Plusieurs possibilités ont été étudiées, l'une d'entre elles prévoyait de recouvrir le bâtiment

The sandwich layout also offered an apt solution to the site challenge. With a total area of approximately 2,800 square meters, the project site is a narrow, irregularly shaped piece of land situated along the south border of the CIUP, facing Paris' Boulevard périphérique on one side and a campus park on the other. The design thus had to balance two seemingly competing strategies—a defensive design strategy to contend with the noise from the expressway and an open and transparent strategy that embraced the monumental scenery—creating a dilemma regarding the design's overall level of openness. The sandwich approach promised this balance and resolved the dilemma: through its double-strip layout, each of the two buildings only had to address one of the two competing issues, leading to a distinct and self-consistent solution for each building.

The distinct situation of each building furthermore entailed a material differentiation. Several material schemes were studied. In one such scheme, the southern building was to have gray brick cladding and smaller window openings, giving an impression of sturdiness and safety, whereas the northern building was to have timber finishes and larger windows, embodying the idea of lightness and hospitality. At the same time, the shared roof slopes of the buildings would create formal continuity (Fig. 2).

Fig. 2: Axonometric drawing of the sandwich approach.
Fig. 2: Schéma axonométrique de l'approche sandwich.

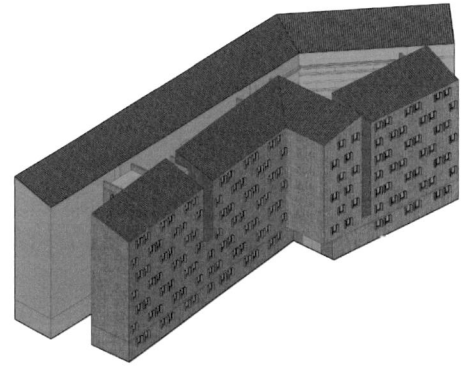

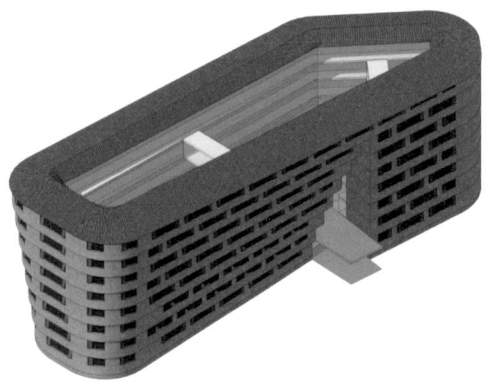

Fig. 3: Axonometric drawing of the cantilevered loop approach.
Fig. 3: Schéma axonométrique de l'approche boucle à encorbellement.

Intrinsically pragmatic, the sandwich approach addressed various design challenges; however, it was also met with peer criticism that questioned its Chinese-ness. Although the idea of "a community around courtyards" was generally well-received, as the introverted courtyard was recognized to be a space rooted in Chinese culture, the building strips enclosing the courtyard were lacking in further cultural justifications. For its relative lack of cultural implication, therefore, the sandwich approach was deemed wanting as the Chinese national pavilion in the CIUP and required reconsideration.

The cantilevered loop approach

A proposal nicknamed the cantilevered loop was quickly formulated based on three pivotal aspects: layout, material, and craft (Fig. 3).

Under the new proposal, the strip buildings in the sandwich approach were replaced by a single-loaded longhouse bent into a continuous loop, creating an introverted space with a courtyard in the middle. The layout prompted a continuous façade that was

sud de briques grises et de le doter de fenêtres plus petites qui conféraient un sentiment de solidité et de sécurité, tandis que les finitions du bâtiment nord seraient en bois d'œuvre avec de plus grandes ouvertures incarnant une idée de légèreté et d'hospitalité. Dans le même temps, le toit à pentes partagées aurait créé une continuité de forme entre les deux bâtiments (Fig. 2).

Fondamentalement pragmatique, l'approche sandwich relevait plusieurs des défis posés en matière de conception. Elle a cependant fait l'objet de critiques dans l'entourage des architectes qui remettaient en question sa capacité à incarner l'identité chinoise. Si l'idée d'une « communauté autour de cours » a été généralement bien accueillie et la cour fermée sur elle-même reconnue comme un espace enraciné dans la culture chinoise, les immeubles en bandes autour de la cour nécessitaient des justifications culturelles supplémentaires. Par conséquent et en raison du manque relatif d'identification culturelle, la construction en sandwich a été jugée insuffisante pour le pavillon national de la Chine à la CIUP et soumise à réexamen.

L'approche boucle à encorbellement

Une autre proposition appelée boucle à encorbellement a rapidement été formulée, fondée sur trois aspects-pivots : plan, matériau et construction (Fig. 3).

Elle prévoyait de remplacer les immeubles en bandes du projet sandwich par un long bâtiment à charge simple tournant pour former une boucle continue et créant au centre un espace fermé avec une cour. La façade d'un seul tenant était partiellement découpée du côté nord, donnant naissance à une entrée avec auvent face au parc du campus et à la Maison des Provinces de France de l'autre côté. Les espaces publics restaient au centre, mais concentrés aux niveaux inférieurs et créaient par conséquent un rez-de-chaussée commun accessible à tous et une cour unique pour un meilleur éclairage naturel et une meilleure circulation de l'air. Les chambres étaient accessibles par des galeries entourant la cour où des plates-formes et des passerelles auraient été aménagées pour permettre le passage et les activités sociales. Ces différents éléments auraient inspiré un sentiment d'inclusion et de communauté.

L'organisation spatiale de la boucle à encorbellement constitue une interprétation contemporaine du tulou. Apparus pour la première fois au XIe siècle les tulou ou constructions en terre se développent depuis les années 1600 (Figs. 4-5) en tant qu'habitat vernaculaire historique dans

partially cut off on the northern side to create a canopied entrance area, facing the campus park that aligned with the Maison des Provinces de France across the field. Public facilities remained in the center, but were now concentrated on the lowest levels, hence resulting in a public ground floor accessible to all and an undivided courtyard that allowed for more sunlight penetration and natural air flow. The residence rooms were to be accessed through the passageways encompassing the courtyard, where platforms and overpasses were introduced for connection and social activities. Together the elements would inspire a feeling of inclusiveness and a sense of community.

The spatial organization of the cantilevered loop approach is a contemporary interpretation of tulou. A style that first appeared in the eleventh century and flourished from the 1600s (Figs. 4–5), tulou, or earthen houses, are historic, vernacular residences found in mountainous areas in southeast China. These circular compounds are named after their extensively thick exterior walls, which are made of rammed earth for defensive purposes. Typically inhabited and run by an entire clan, each tulou is spatially arranged with center-facing, partitioned rooms on its rounded periphery and a gathering space, which sometimes encompassed family temples,

Figs. 4–5: Examples of tulou, the Chinese vernacular roundhouse with peripheral accommodation and centralized public space.

Fig. 4-5: Tulou, habitation vernaculaire chinoise circulaire avec les logements en périphérie et un espace commun au centre.

in the middle. Their fortress-like nature makes tulou reliable shelters at times of crisis, but their structure makes them equally ideal as centers of living in everyday life: the circular form prompts a sense of equality and spiritual cohesion among the dwellers. Our conceptualization of the Maison de la Chine values and emulates this latter nature of tulou.

The design's looped layout suggested a universal material for the entire façade. The gray clay brick, a material with profound cultural implications, was selected. As one of the most widely used materials in traditional architecture with a stretched history, the earliest brickwork in China dates back more than 5,000 years and has played major roles in construction since the third century BC. Like their western counterparts, Chinese bricks are sized in reference to the human hand for convenience in bricklaying. The distinct characteristics of the gray clay brick, including its organic texture and signature color, are granted by their chemical composition, firing conditions, and associated kiln structures. Enclosed buildings formed of gray clay brick are widespread across China, especially among the vernacular residential compounds exemplified by the siheyuan (quadrangle courtyards) in Beijing.

In the cantilevered loop approach, the Chinese-ness of the design was not only to be communicated via the use of gray clay bricks, but also via the techniques through which the bricks were to be laid. Bricklaying techniques, or the craftmanship in brick arrangements, are used to produce formal or structural effects in brick constructions. *Die-se*, or layered brick corbel, is a technique where stacked bricks stick out layer by layer to achieve a cantilevered corbel with a stair-like appearance. In the cantilevered loop proposal, *die-se* was to be manifested on the architectural level, where certain parts of the building were to have floors that staggered level by level, achieving a sectional stepping form. On the south side, a stepping form was utilized to reduce the noise pollution from the Boulevard périphérique by increasing the building's deflection surface and to enlarge the top opening of the courtyard for more sunlight. On the north side,

les régions montagneuses du Sud-Est de la Chine. De forme circulaire, ils doivent leur nom à leurs murs extérieurs en pisé extrêmement épais à des fins défensives. Occupés et gérés traditionnellement par un même clan, ils sont aménagés en pièces cloisonnées faisant face au centre sur la périphérie et un lieu de réunion au milieu qui comprend parfois un temple familial. Leur nature de type forteresse fait des tulou des abris sûrs en temps de crise, tandis que leur structure les adapte parfaitement à la vie quotidienne. Leur forme circulaire donne à leurs habitants un sentiment d'égalité et de cohésion spirituelle. Notre concept de Maison de la Chine valorise et reproduit cette dernière qualité des tulou.

La configuration en boucle supposait un matériau unique pour toute la façade. C'est la brique d'argile grise qui a été choisie, un matériau de construction aux profondes racines culturelles parmi les plus largement utilisés dans l'architecture chinoise traditionnelle, issu d'une longue histoire puisque la première briqueterie de Chine date de plus de 5000 ans et le rôle important joué par la brique dans la construction est attesté depuis le IIIe siècle av. J.-C. Comme celle de leurs homologues occidentales, la taille des briques chinoises est déterminée en fonction de la main humaine pour une pose facile. Les caractéristiques propres à la brique d'argile grise, notamment sa texture organique et sa couleur spécifique, sont garanties par sa composition chimique, les conditions de cuisson et la structure correspondante des fours. Les immeubles

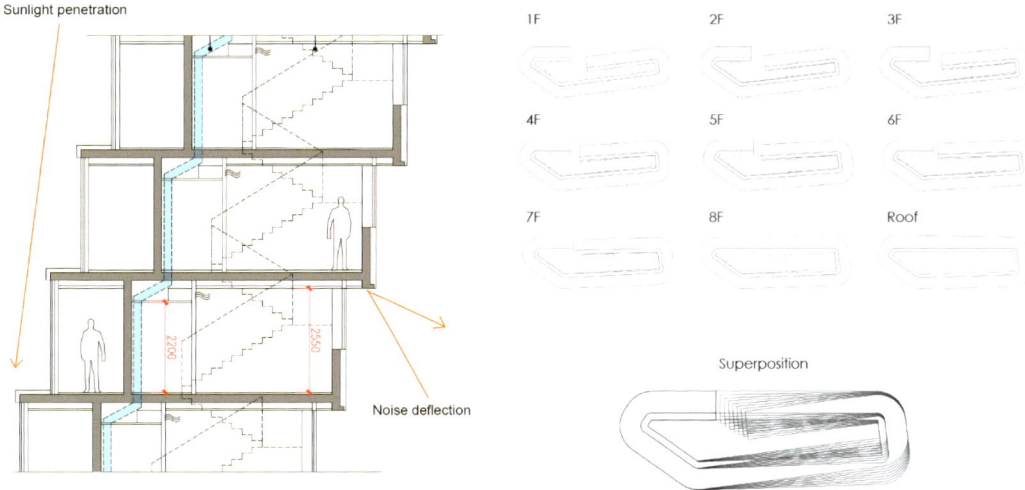

Fig. 6, left: Section showing the stepping profile as a conceptualization of *die-se*.
Fig. 7, right: Floor profiles and their superposition.

Fig. 6, à gauche: Coupe du profil en escalier conceptualisant la maçonnerie *die-se*.
Fig. 7, à droite: Profils des étages et leur superposition.

revêtus de briques d'argile grises sont très fréquents dans toute la Chine, surtout dans les ensembles résidentiels typiques incarnés par le *siheyuan* (cour carrée) pékinois.

Le projet de boucle à encorbellement devait communiquer la nature spécifiquement chinoise du concept par l'utilisation de briques d'argile grises, mais aussi par les techniques de maçonnerie. Ces techniques, expression du métier, servent à produire des effets de forme ou de structure dans les constructions en briques. Le *die-se*, ou assises de briques en encorbellement, consiste à faire dépasser couche après couche les briques empilées afin d'obtenir un encorbellement en porte-à-faux en forme d'escalier. La proposition de boucle à encorbellement prévoyait de rendre le *die-se* visible au niveau architectural avec, dans certaines parties du bâtiment, des surfaces échelonnées pour former

a stepping form was applied to gradually bridge the vertical gap above the entrance area, such that the layout of a complete loop could be regained at the top levels. The stepping form resolved design problems and at the same time enriched the building's sectional expression in the form of *die-se* (Figs. 6–7).

The cantilevered loop approach was generally positively received by peers for its layout and material choice. However, some expressed concerns regarding potential technical difficulties in implementing the stepping form. Others pointed out that the proposed approach might not be the celebration of the time-honored craft tradition of *die-se* that it was intended to be, as *die-se* in this case was not achieved through the craft itself but through an exaggerated formal translation. Although the stepping form was not purely expressive, it was nevertheless not a convincing projection of the bricklaying technique but was instead a mis-scaled manifestation of the craft, which, it was argued, should ideally be expressed through the means and scale inherent to it. While we were optimistic about resolving the technical concerns, taking all critical considerations together, we decided to make further adjustments to our approach.

The Tu-Mu approach

The nickname of the next proposal, Tu-Mu (meaning earth and wood), came from its two main façade materials: brick, made of earth, for the outer façade and timber for the inner façade. Tu-Mu was the proposal submitted to the international design competition that subsequently won it. The proposal is very close to the realized scheme (Fig. 8). Unlike the cantilevered loop approach which wandered far from its predecessor, the Tu-Mu approach can be seen as a series of refinements made to the previous scheme, inheriting its looped layout. Taking the form of a folding screen, the layout symbolically made a sanctuary for its dwellers on an architectural level while, on a larger scale, shielding the campus from the expressway. The former gap near the entrance area was straightened upward and enlarged to be more welcoming.

Fig. 8: Axonometric drawing of the Tu-Mu approach.
Fig. 8: Schéma axonométrique de l'approche *tu-mu*.

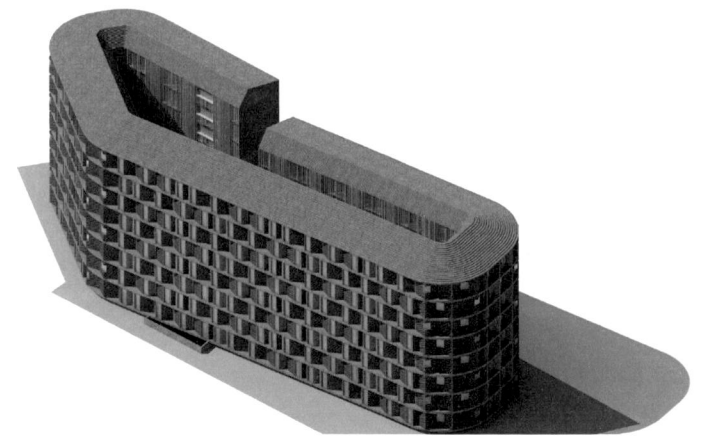

une section en escalier. Côté sud, une configuration en escalier devait diminuer la pollution sonore du Boulevard périphérique en augmentant la surface d'impact et élargir l'ouverture de la cour en haut pour plus de soleil. Côté nord, la même configuration devait enjamber l'ouverture verticale au-dessus de l'entrée pour refermer la boucle au niveau des étages supérieurs. La forme en escalier apportait une solution à des problèmes de conception et enrichissait l'expression du bâtiment vu en coupe en lui donnant l'apparence du *die-se* (Figs. 6-7).

L'approche boucle en encorbellement a reçu un accueil plutôt positif de la profession pour son plan et le choix du matériau. Des inquiétudes ont cependant été émises concernant d'éventuelles difficultés techniques pour la configuration en escalier. D'autres ont trouvé que l'approche proposée ne rendait peut-être pas l'hommage voulu à la tradition artisanale consacrée du *die-se* puisque la forme correspondante n'était pas le fruit du métier mais une transposition formelle exacerbée: la disposition échelonnée, sans être purement expressive, ne constituait pas pour autant une projection convaincante de la technique de maçonnerie, mais un simple aperçu mal dimensionné d'un art qui, selon l'argument utilisé, devrait idéalement être exprimé à l'échelle et par les moyens qui lui sont sinon indissociablement associés. Nous étions optimistes et pensions pouvoir résoudre les problèmes techniques en répondant collectivement à toutes les critiques de sorte que nous avons décidé d'adapter encore notre approche.

L'approche *tu-mu*

Le nom de la proposition qui a suivi, *tu-mu* (qui signifie terre et bois), vient des deux principaux matériaux de la façade : la brique, faite de terre, à l'extérieur et le bois à l'intérieur. C'est le projet *tu-mu* qui a été soumis au concours international et qui l'a gagné. La proposition est très proche de la réalisation (Fig. 8) : à la différence du projet de boucle en encorbellement qui s'est beaucoup éloigné du projet précédent, l'approche *tu-mu* peut être vue comme une série de perfectionnements apportés à son projet précédent dont elle reprend la disposition en boucle. La forme d'écran plié en fait symboliquement un sanctuaire pour ses habitants au niveau architectural, tout en protégeant, à plus grande échelle, le campus de la voie express. L'ancienne ouverture à côté de l'entrée a été redressée vers le haut et élargie pour être plus accueillante.

La façade extérieure est désormais composée d'unités concaves ou convexes disposées horizontalement dont la largeur correspond à celle des chambres. Avec les fenêtres, elle introduit des rythmes en zigzag non répétitifs du côté extérieur et domine la théorie sur la direction. Les unités de la façade nord présentent une forme concave qui a permis l'ajout de balcons miniatures et donne une vue plus

The outer façade was now composed of horizontally arranged concave or convex wall units which matched the widths of the residential rooms. Together with the windows, the outer façade created non-repetitive, zigzag rhythms on the exterior interface and dominated the direction-related narrative. Units on the north façade took the concave form, which allowed the addition of miniature balconies and better embraced the campus park. The southern units, on the other hand, took the convex form, which meant longer, soundproofed walls for noise reduction and evoked the impression of fortressed solidity (Fig. 9). Unlike the sandwich approach in which the site challenge was resolved by a change in the architectural form, and unlike the cantilevered loop approach in which the strategy relied on an architectural translation of a traditional craft, the Tu-Mu approach responded to the problem in a technical manner and had limited the solution to the level of wall section, nothing beyond.

Fig. 9: The north- and south-facing residence units with concave and convex exterior walls.

Fig. 9: Unités nord et sud de la résidence aux murs extérieurs concaves et convexes.

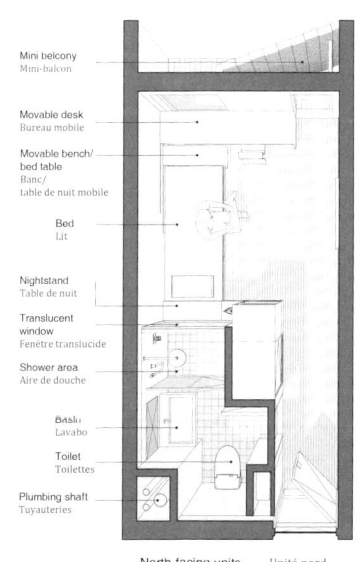 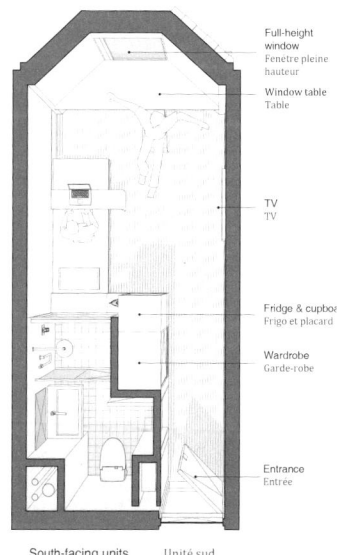

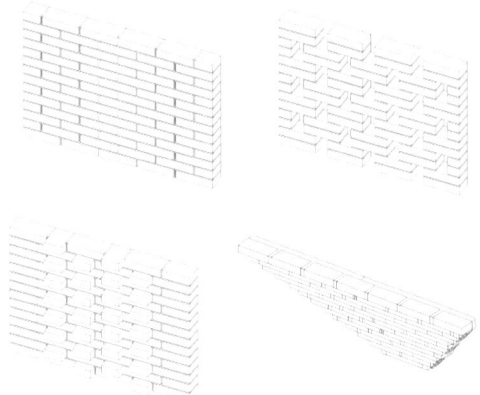

Fig. 10: Brickwork diagrams showing the techniques of plain arrangement, hollowed arrangement, relief patterns, and layered brick corbel respectively.

Fig. 10, à gauche : Schémas de maçonnerie présentant respectivement un appareil lisse, un appareil en creux, des motifs en relief et un encorbellement à redans.

Fig. 11: A study proposal where gray and red colored bricks were applied to the outer façade to symbolize tradition and modernity.

Fig. 11, à droite : Proposition utilisant des briques grises et rouges pour la façade extérieure, symbolisant la tradition et la modernité.

The gray clay brick was again selected as a universal material for the outer façade. Aside from the cultural implications associated with the material, the brick's strong durability and protective image made it suitable for the building's message as a home away from home. It is also a flexible material embedded with possibilities in

large sur le parc du campus tandis que les unités côté sud, elles, ont une forme convexe qui permet des murs insonorisés plus longs et donne une impression de solidité fortifiée (Fig. 9). À la différence de l'approche sandwich qui avait résolu les difficultés liées au terrain en modifiant la forme architecturale et de l'approche boucle à encorbellement qui misait sur la traduction en architecture d'un artisanat traditionnel, l'approche *tu-mu* apporte une solution technique au problème et la réduit au niveau d'une section du mur, sans aller plus loin.

La brique d'argile grise a de nouveau été choisie pour la façade extérieure en tant que matériau universel. Outre la signification culturelle qui lui est associée, la nature solide et durable de la brique et son image protectrice la rendent parfaitement à même de faire passer le message de maison loin de la maison que représente le bâtiment. C'est aussi un matériau polyvalent aux multiples possibilités d'utilisation artisanales. Plusieurs techniques de pose ont été utilisées sur la façade afin de célébrer la qualité intrinsèque de la brique et de contribuer à la diversité expressive de la construction (Fig. 10) : un appareil lisse (*shun-qi*) simple et élémentaire sur les murs extérieurs en constitue l'empilage par défaut ; un appareil en creux (*lou-kong*) a été employé sur la façade nord où des écrans de briques perforés soulignent les balcons ; des motifs en relief (*chu-tiao*) recouvrent la façade sud où les briques saillantes produisent une certaine rugosité pour mieux arrêter le bruit et enfin, des encorbellements à redans (*die-se*) ornent la corniche qui donne ainsi son rythme formel au bâtiment.

D'autres arrangements de matériaux ont été discutés et étudiés pour la façade extérieure. À gauche (Fig. 11), on voit une proposition avec deux types de briques qui créent une diversité de forme très contrastée. Les briques grises et rouges symbolisent respectivement la tradition et la modernité. Si ce choix a été jugé plausible, on lui a préféré le tout briques grises pour la précision de son expression et sa clarté visuelle.

Les bâtiments en forme de boucle sont souvent marqués par un conflit formel fondamental entre les interfaces intérieure et extérieure. Dans le projet *tu-mu*, une façade intérieure continue est entourée par l'interface du bâtiment qui coupe en deux la cour centrale et les galeries circulaires qui donnent accès aux chambres. Liée ainsi à un espace fermé sur lui-même, la façade intérieure a été conçue en contraste formel avec la façade extérieure et dotée de qualités propres clairement perceptibles. Si la façade extérieure, son matériau et son alternance expressive de formes concaves et convexes devait être perçue comme solide, protectrice et durable, la façade intérieure a été conçue pour transmettre aux habitants de la maison un sentiment de tranquillité, de chaleur et de bonté dû essentiellement au choix d'un matériau universel, le bois. En raison de sa polyvalence, de sa disponibilité et de sa facilité de transformation, le

craftsmanship. A range of bricklaying techniques were applied to the façade to celebrate the material's intrinsic qualities and to contribute to the building's expressive diversity (Fig. 10). Plain arrangement (*shun-qi*), a simple and basic arrangement applied to the building's exterior walls, was the default stacking expression. Hollowed arrangement (*lou-kong*) was applied on the north façade, where brick screens with porosity outlined balconies for the residence units. Relief patterns (*chu-tiao*) were applied on the south façade, where out-spanned bricks created roughness to better deflect noise. Finally, layered brick corbel (*die-se*) was applied on the cornice as a formal cadence of the brick building.

Other material schemes for the outer façade were also studied and discussed. One study proposal (Fig. 11) showed how two types of bricks could be applied to create formal diversity with high visual contrast. Gray and red bricks were used to symbolize tradition and modernity, respectively. While the strategy was considered plausible, an all-gray-brick scheme was preferred for its precision in expression and visual clarity.

A fundamental formal conflict between the inner and outer interfaces often arises in buildings with looped layouts. In the Tu-Mu approach, a continuous inner façade was outlined by the building interface, which bisected the central courtyard and circular passageways through which the residential rooms would be accessed. Bonding an introverted space, the inner façade was conceptualized in formal contrast with its outer counterpart and was given distinctive perceptive qualities. Whereas the outer façade, for its material choice and its concave–convex formal expression, was to be perceived as strong, protective, and durable, the inner façade was conceived to bring forth in its dwellers feelings of tranquility, warmth, and friendliness, which were to be achieved primarily through the use of a universal material: timber. Thanks to its flexibility, availability, and convenient processing, timber is ubiquitous in traditional Chinese architecture, both as a main material for framed structures and as the material for enclosure facilities like railings, framed windows, and doors. In our design approach, timber was to be used as vertical gratings (Fig. 12).

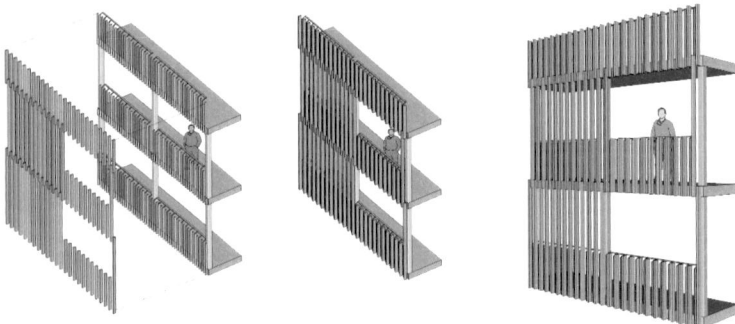

Fig. 12: A study proposal for the timber gratings on the inner façade.

Fig. 12: Proposition pour les claires-voies en bois de la façade intérieure.

When viewed from a distance, these cleats aligned with the in-between spaces would achieve a translucent appearance, which, together with the punctuated, framed window openings, formed an interface with everchanging light and shadows that was soft and comforting. Notably, the brick–timber combination that had appeared in the sandwich approach returned, albeit in a different and more organic manner.

As a conceptual continuation of the campus park, a vertical garden system was integrated into the design. Roofs of certain public spaces that were situated in the middle of the loop, including the lobby, the cultural activity hall, the lounges, and the music rooms, were transformed into vegetated terraces, creating a central courtyard with varying heights. A set of sculptural stairs was introduced to span across the heart of the courtyard, bridging terraces, passageways, and platforms at different levels, allowing one to zigzag all the way up to the summit to a ring-shaped roof garden and a panoramic view of greater Paris. The stairs together with the terraces transformed the courtyard into a landscaped topography with interlinked destinations (Fig. 13), in a visual journey recalling the donkeyed travelers in Chinese traditional landscape scroll paintings, wandering up mountains and down streams to discover secluded forests and hidden shrines.

bois est omniprésent dans l'architecture chinoise traditionnelle, à la fois en tant que matériau principal pour les structures charpentées et dans les équipements extérieurs tels que balustrades ou cadres de fenêtres et de portes. Dans notre projet, le bois devait servir à construire des grilles verticales (Fig. 12). Vues de loin, ces structures à claire-voie longeant l'espace intermédiaire prennent une apparence translucide qui, avec les ouvertures des fenêtres dont elles sont percées à intervalles réguliers, produisent un espace paisible et rassurant, au jeu d'ombres et de lumières toujours changeant. On note ici le retour de l'association de la brique et du bois apparue dans le projet sandwich, mais différente et plus organique.

Comme pour prolonger conceptuellement le parc du campus, un jardin vertical a été intégré au projet. Les toits de certains espaces communs situés au centre de la boucle, dont le hall, la salle destinée aux activités culturelles, les salons et les salles de musique, ont été transformés en terrasses végétalisées, créant une cour à hauteur variable. Un ensemble d'escaliers enjambe le cœur de la cour telle une immense sculpture et relie les terrasses, les voies d'accès et les plates-formes aux différents niveaux, montant en zigzag jusqu'au toit occupé par un jardin en forme d'anneau avec une vue panoramique sur le grand Paris. Escaliers et terrasses donnent à la cour une topographie paysagère aux interconnexions et destinations multiples (Fig. 13) où les déplacements rappellent ceux des voyageurs à dos d'ânes qu'on voit gravir les montagnes et descendre les cours d'eau pour découvrir des forêts solitaires et des sanctuaires cachés sur les rouleaux peints de paysages traditionnels chinois.

The realized project

The construction of the Maison de la Chine took approximately four years, which was one year longer than the initial plan due to the global pandemic. Thanks to the dedication of the construction workers, our French collaborator, and countless other contributors, a project building satisfying to all, client and architects alike, was realized.

The Maison de la Chine stands nine stories high over the campus park of the CIUP, with its signature gray brick walls punctuated by glazed openings. Cantilevered concrete slabs line the façade by floors to bear the load of brickwork and represent the building's core structural material. Balconies for ventilation hide behind the hollowed brickwork of the north façade, adding another layer of detail to the elevational rhythm. On the south façade, together with the relief-patterned brick soundproofing, two sets of double-glazed windows protect the dwellers further from the noise pollution of the Boulevard périphérique. A continuous, layered brick corbel crowns the building's outer façade. All bricklaying techniques are

Fig. 13: The vertical garden system in the central courtyard held by the building's bowl-like sectional profile.

Fig. 13: Le jardin vertical dans la cour centrale avec le profil de section en forme de coupe du bâtiment.

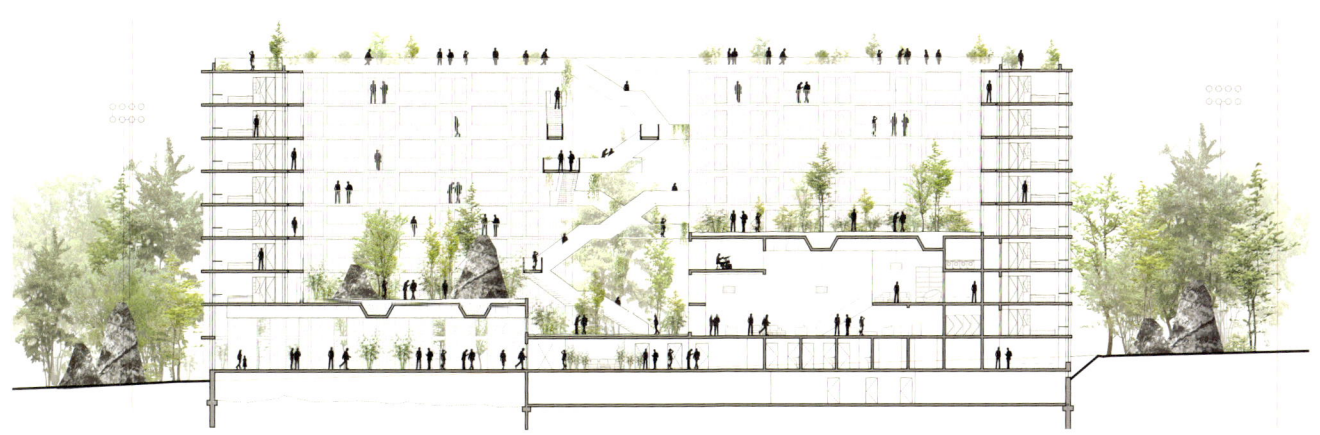

Fig. 14, left: Timber gratings being assembled and installed in February 2022.
Fig. 15, right: Exterior staircases under installation in June 2022.

Fig. 14: Assemblage et pose des claires-voies en bois en fév. 2022.
Fig. 15: Escaliers extérieurs en cours d'installation en juin 2022.

fused with contemporary interpretations, such as cross-angled stacking, for better performance and architectural clarity. Although bricks made in China were initially chosen for their proportion and texture, difficulties in their transportation propelled us to seek European alternatives. A Westerwald-manufactured German brand was selected for the characteristic similarity of their bricks to their Chinese counterpart, which interestingly showcased the brick as a universal material with manifestations across cultures.

Timber grating rails line the semi-outdoor passageways that encompass the courtyard. Fixed to the side of the floor slabs, these lined wooden cleats, 50 by 50 millimeters each in cross section, form a continuous yet translucent interface around the courtyard that provides privacy but also lets in sunlight. The gratings are realized in thermo-treated spruce. Due to a surge in wood price since the pandemic, the wood type for the cleats changed several times even during the course of construction. Stretched out from

Le projet réalisé

La construction de la Maison de la Chine a pris environ quatre ans, soit un an de plus que prévu, du fait de la pandémie. Cependant, grâce à l'engagement et au dévouement des ouvriers, de notre partenaire français et d'innombrables autres contributeurs, le bâtiment a pu être achevé à la satisfaction de tous, le client autant que les architectes.

La Maison de la Chine se dresse, haute de 9 étages, dans le parc du campus de la CIUP avec les briques d'argile grises qui sont sa marque de fabrique, ponctuées d'ouvertures vitrées. Des plaques de béton en porte-à-faux courent le long de la façade à chaque étage pour porter la charge de la maçonnerie et rappeler le matériau central de la structure. Des balcons pour la ventilation sont dissimulés derrière l'assemblage de briques en creux de la façade nord et ajoutent un détail de plus à la succession rythmée sur toute la hauteur. Côté sud, en plus du motif en relief de la maçonnerie destiné à arrêter le bruit, un ensemble insonorisant composé de deux jeux de fenêtres double vitrage a été installé pour protéger les habitants de la pollution sonore du Boulevard périphérique. Un encorbellement à redans continu de briques, enfin, surmonte telle une couronne la façade extérieure du bâtiment. Les techniques de maçonnerie fusionnent avec des versions contemporaines comme l'empilement croisé aux angles pour de meilleures performances et une architecture plus claire. Le choix des constructeurs s'était d'abord porté sur des briques fabriquées en Chine pour leurs proportions et leur texture, mais les difficultés du transport nous ont incités à chercher des alternatives en Europe. Nous avons finalement opté pour une marque allemande fabriquée à Westerwald, en Allemagne, pour ses caractéristiques proches de celles des briques chinoises, ce qui a pour intérêt de présenter la brique comme un matériau universel employé dans toutes les cultures.

Des grilles de bois enclosent les galeries semi-extérieures qui entourent la cour. Fixé aux côtés des plaques de béton, cet alignement de claires-voies de 50 millimètres sur 50 chacune en coupe transversale forme une surface continue et translucide tout autour de la cour qui protège des regards mais laisse entrer le soleil. Les grilles sont en épicéa traité à chaud mais la forte hausse du prix du bois depuis la pandémie a entraîné plusieurs changements d'essences, même pendant la construction. Un ensemble d'escaliers extérieurs et de passerelles en fermes d'acier se déploie depuis les galeries et enjambe la cour pour traverser le complexe avec plus de facilité, et parfois des surprises au détour d'un angle. Conçus pour faire partie intégrante de la façade intérieure, ils devaient au départ être revêtus de panneaux de bois, qui a été remplacé par de l'aluminium en raison de l'augmentation du prix du bois. L'habillage d'aluminium souligne cependant leur qualité sculpturale et leur nature spectaculaire au cœur de la boucle formée par le bâtiment (Figs. 14-16).

the passageways and spanning across the courtyard, an exterior staircase and overbridge system, realized with steel-sided trusses, allows one to traverse the compound with ease, at times met with surprises as one turns a corner. These staircases and bridges, conceptualized as an integral part of the inner façade system, were originally designed to be cladded with wooden panels but were eventually cladded in aluminum instead due to the wood price hike. The aluminum cladding accentuates the sculptural quality and dramatic expression of the structures at the heart of the building's looped layout (Figs. 14–16).

The living earth and wood

Tu-Mu, or earth and wood, is not only the name of the realized scheme but is also a Chinese phrase that refers to all construction-related activities because of the extensive usage of the two materials in traditional discourse: earth for enclosure facilities like walls, often built with bricks or rammed earth, and wood for the framed structure (Fig. 17). A notable reason behind the prevalence of such a structural system in ancient China, aside from material flexibility and processing convenience, lies in the idea of sustainability, for trees are an organic material that regenerates. The

Fig. 16: Clay brick pieces being stacked by workers in January 2022.

Fig. 16: Ouvriers empilant des éléments en briques d'argile en janv. 2022.

Fig. 17: Passage of a tulou.
Fig. 17: Galerie d'un tulou.

modern, concrete-centric structural system is also earthly based, providing a safe framework for its dwellers, and making the Maison de la Chine a contemporary earthen house. At the heart of the safe, protective structure lies an elevated courtyard where vegetation thrives, declaring a sustainable lifestyle. The landscaped terrace, with its passageways, overbridges, platforms, and roof greenery, functions not only as a hub for interpersonal communication and social activities, but also as an endorsement for a way of living. It is in this sense that the Maison de la Chine can be understood as a contemporary interpretation of the earth and wood system, where Tu-Mu connotes, beyond materiality, a reliable, safe, and sustainable environment for living.

La terre et le bois vivants

Tu-mu, ou terre et bois, n'est pas seulement le nom du projet qui a finalement été réalisé. Cette formule chinoise est aussi utilisée pour toutes les activités autour de la construction en raison de l'usage intensif qui est traditionnellement fait de ces deux matériaux : la terre pour les enceintes, notamment les murs, souvent en briques ou en pisé, et le bois pour les structures charpentées (Fig. 17). La durabilité est l'une des raisons notables, en plus de la souplesse d'utilisation et de la facilité de transformation, qui explique la prévalence de ce système dans la Chine ancienne, car les arbres donnent un matériau organique renouvelable. Par coïncidence, les structures modernes à noyau de béton sont aussi à base de terre et fournissent un cadre sûr à leurs habitants, de sorte que la Maison de la Chine est une maison contemporaine en terre. Car le cœur de la construction en terre sûre et protectrice est occupé par une cour surélevée où prospère la végétation, affirmation d'un style de vie durable. La terrasse paysagère avec ses passages, passerelles, plates-formes et toits végétalisés est le centre de la communication et des activités sociales, mais aussi la proclamation d'un style de vie. En ce sens, la Maison de la Chine peut être considérée comme une interprétation contemporaine de la construction en terre et en bois et *tu-mu* désigne, au-delà des seuls matériaux, un environnement de vie fiable, sûr et durable.

DIAGRAMS
CROQUIS

PHOTOGRAPHS
PHOTOGRAPHIES

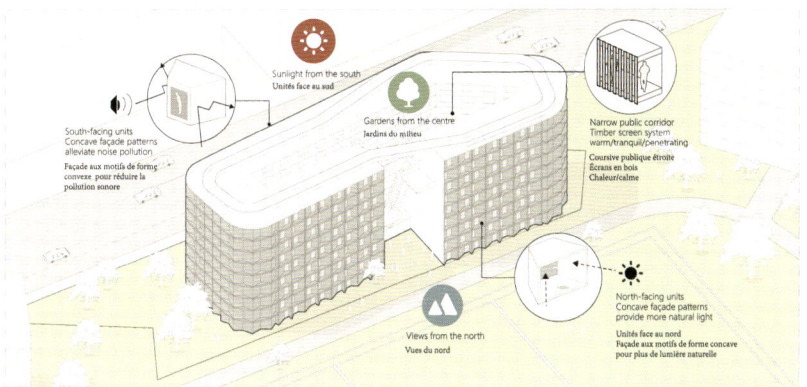

Advantages and orientation / Avantages et orientation

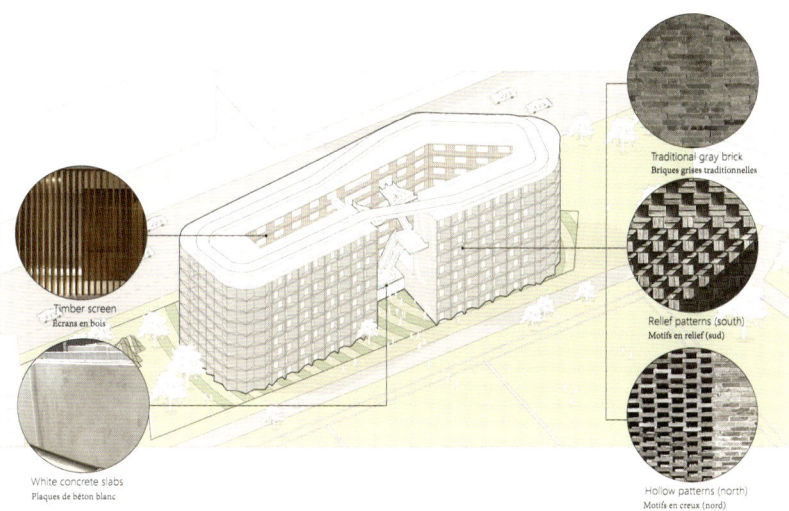

Material / Matériaux

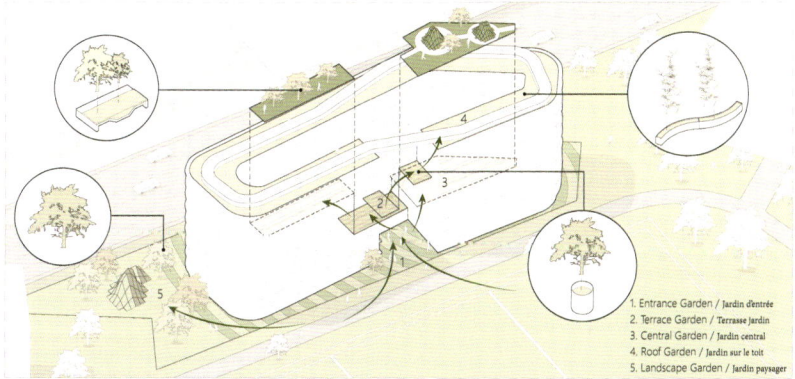

Gardens / Jardins

North elevation with entrance / Élévation nord et entrée de la maison

View from the Boulevard périphérique at dusk / Vue du périphérique le soir

Southeast corner / Angle sud-est

Close-up of north elevation / Gros plan de l'élévation nord

Cantilevered brick eaves using the traditional Chinese laying technique of *die-se*.

Avant-toits de briques en porte-à-faux assemblés en utilisant la technique de maçonnerie traditionnelle chinoise *die-se*.

Close-up of the curvilinear portion of the brick wall
Gros plan de la portion courbe du mur de briques

Close-up of the south façade with openable windows behind the porous portions of the brickwork.

Gros plan de la façade sud, les fenêtres placées derrière les parties perforées du mur de briques peuvent être ouvertes.

In the central courtyard looking west / Vue vers l'ouest dans la cour centrale

On the fifth floor rooftop terrace looking east / Vue vers l'est sur la terrasse du 5e étage

View of the sports field from the central courtyard / Vue du terrain de sports depuis la cour centrale

Wood grating along the courtyard façade / Des grilles en bois longent les façades de la cour

Looking at the central courtyard from the passage / Vue sur la cour centrale depuis la coursive

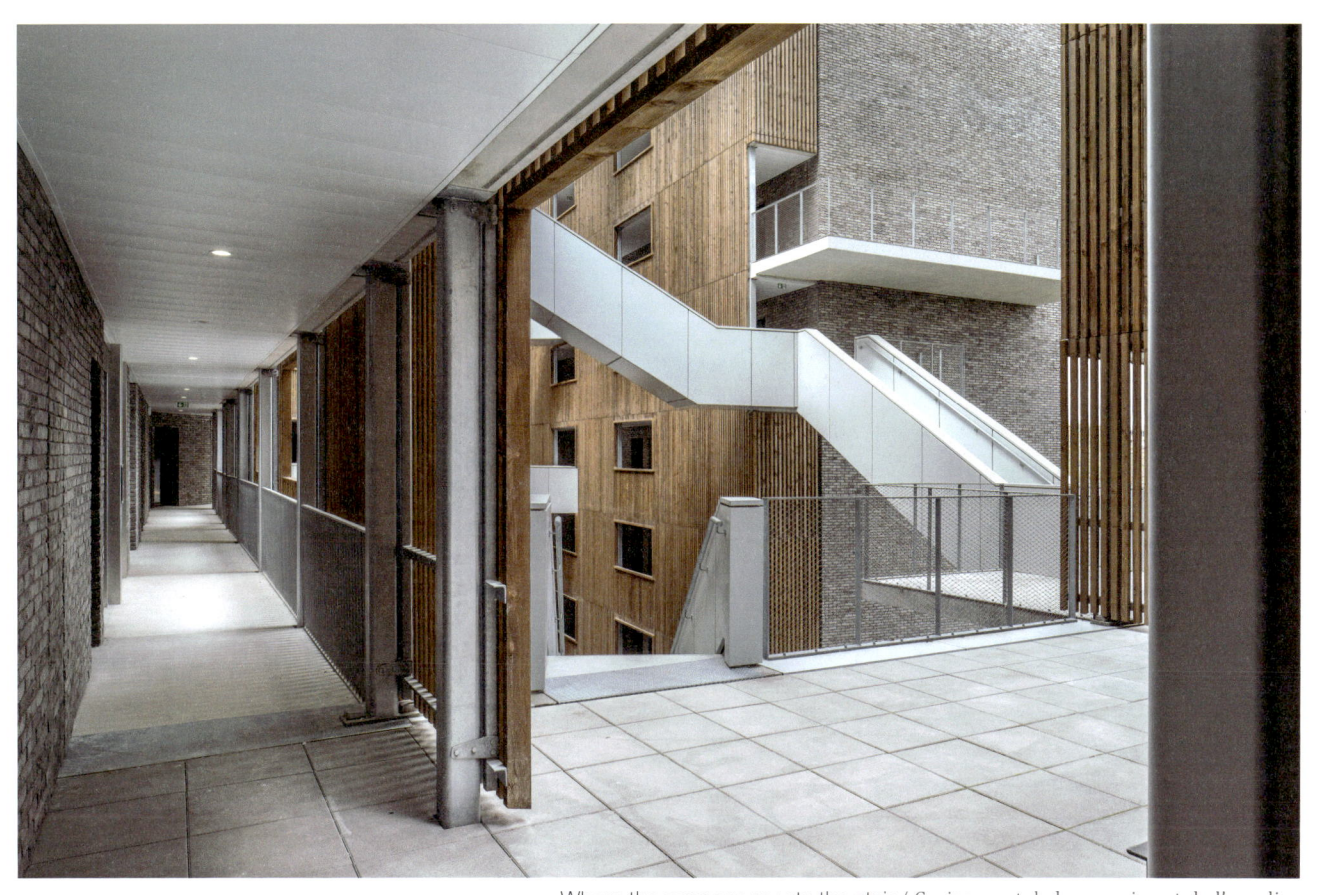

Where the passage meets the stair / Croisement de la coursive et de l'escalier

From the rooftop garden looking at the Eiffel Tower in the distance / Vue sur la tour Eiffel au loin depuis le jardin sur le toit

Path in the roof garden / Chemin dans le jardin sur le toit

DATA

Client: The Cité Internationale Universitaire de Paris (CIUP)/Beijing Capital Group

Location: 14th Arrondissement, Paris, France

Architects: Atelier FCJZ, Coldefy

Atelier FCJZ Design Team: Yung Ho Chang, Lijia Lu, Cheng Yishi, Simon Lee, Meng Yao

Coldefy Design Team: Thomas Coldefy, Isabel Van Haute, Marc Franco, Marianna Guarino, Daniel Katz, Marceau Portal, Yizhou Hong, Ettore Musso, Beatrice Congiu, Marco Proietti, Vincent Vaulot, Sophie Graux, Zoltan Neville, Zhuo Wang

Structure Design: AEDIS Ingenierie

MEP Design: S2T

Sustainability: Le Sommer Environnement

Landscape Desgin: Base

Kitchen Design: Behal

Acoustics Consultants: Lamoureux acoustics

Scene Design: Peytavin

Cost Accounting: Vanguard

General Contractor: SICRAile-de-France

Building Area: 8287m^2

Site Area: 2800m^2

Footprint Area: 1520m^2

Building Height: 24.3m

Design Time: 2017

Completion Time: 2023

Client: le CIUP (groupe international Universitaire de Paris)/Beijing Capital Group

Lieu: 14e Arrondissement, Paris, France

Architectes: Atelier FCJZ, Coldefy

L'équipe de Design Atelier FCJZ: Yung Ho Chang, Lijia Lu, Cheng Yishi, Simon Lee, Meng Yao

L'équipe de Design Coldefy: Thomas Coldefy, Isabel Van Haute, Marc Franco, Marianna Guarino, Daniel Katz, Marceau Portal, Yizhou Hong, Ettore Musso, Beatrice Congiu, Marco Proietti, Vincent Vaulot, Sophie Graux, Zoltan Neville, Zhuo Wang

Conception de la Structure: AEDIS ingénierie

Conception MEP: S2T

Développement durable: Le Sommer Environnement

Design paysage: Base

Conception de la cuisine: Behal

Consultants en acoustique: Lamoureux Acoustics

Conception de la scène: Peytavin

Comptabilité analytique: Vanguard

Entreprise générale: SICRAile-de-France

Surface du bâtiment: 8287m^2

Superficie du Site: 2800m^2

Surface de l'empreinte: 1520m^2

Hauteur du bâtiment: 24.3m

Temps de conception: 2017

Temps de réalisation: 2023

IMAGE CREDITS

Toutes les photographies et illustrations ont été fournies à titre gracieux par Atelier FCJZ, à l'exception de celles-ci :

All images and illustrations are courtesy of Atelier FCJZ, with the exceptions listed here:

Oeuh CC BY-SA 4.0: 12 (Fig. 3)

Ariel Genadt: 16 (Fig. 9), 17 (Fig. 11), 19, 23–24, 27–28, 29 (Fig. 27)

Source : Archives Paris Habitat. Photographes : Y. Vaule, Guiot, Rambault, Kollar, Colin: 21

Southeast University: 35–37

Julio de Matos: 42

Shu He: 43 (Fig. 13)

UK Studio: 43 (Fig. 14)

Zhu Yuhui: 49 (Fig. 23, top)

Liu Jie: 49 (Fig. 23, bottom)

Tian Fangfang: 43 (Fig. 15), 46, 102–117

Coldefy: 53–80, 92 (Fig. 11), 101

Coldefy+FCJZ: 95

Translations: Claire Debard
Proofreading: Colette Forder
Design: Wang Mian
Image processing, printing, and binding: Beijing Artron Art Printing Co.,Ltd.

© 2025 Atelier FCJZ and Park Books AG, Zurich

© for the texts: the authors

Park Books AG
Niederdorfstrasse 54
8001 Zurich
Switzerland
www.park-books.com
T +41 44 262 16 62
E info@park-books.com

Product safety:
Responsible person pursuant to EU Regulation 2023/988 (GPSR):
GVA Gemeinsame Verlagsauslieferung Göttingen GmbH & Co. KG
Post Box 2021
37010 Göttingen
Germany
T +49 551 384 200 0
E info@gva-verlage.de

Park Books is being supported by the Federal Office of Culture with a general subsidy for the years 2021–2025.

All rights reserved; no part of this publication may be reproduced, stored in a retrieval system or transmitted in any form or by any means, electronic, mechanical, photocopying, recording, or otherwise, without the prior written consent of the publisher.

ISBN 978-3-03860-364-1